# LÉOPOLD STAPLEAUX

(LOUIS LAMBERT)

# LA CHASSE
# AUX BLANCS

(MŒURS PARISIENNES)

PRÉCÉDÉ D'UNE PRÉFACE PAR PAUL D'IVOI

PARIS

LIBRAIRIE NOUVELLE

Boulevard des Italiens, 15

BOURDILLIAT ET Cⁱᵉ, ÉDITEURS

1861

# LA CHASSE AUX BLANCS

# DU MÊME AUTEUR

POUR PARAITRE INCESSAMMENT :

L'Amiante.

Valentin Ramel.

Paris.— Imp. de la librairie Nouvelle, A. BOURDILLIAT, 15, rue Bréda.

# LÉOPOLD STAPLEAUX

### (LOUIS LAMBERT)

# LA

# CHASSE AUX BLANCS

### (MŒURS PARISIENNES)

## PRÉCÉDÉE D'UNE PRÉFACE PAR PAUL D'IVOI

> « La contraite par corps ne doit être envisagée
> » que comme une loi transitoire. Il faut espérer
> » qu'il arrivera un moment où elle pourra être
> » complétement abolie. »
>
> (De Portalis.)

# PARIS

## LIBRAIRIE NOUVELLE
Boulevard des Italiens, 15

## A. BOURDILLIAT ET Cᵉ, ÉDITEURS



## 1861

# PRÉFACE.

> « La contrainte par corps n'est, à bien
> prendre, que la question consacrée en
> matière civile, après qu'elle a disparu en
> matière criminelle. La souffrance qui ré-
> sulte de la première est moins amère,
> moins déchirante que celle qui caracté-
> risait autrefois la question; mais, en re-
> vanche, elle est plus longue, et ce qui se
> perd en intensité se regagne en durée. »
>
> Duc de Broglie.

Pourquoi une préface?

Le vrai juge d'un livre, c'est le public.

M. Royer-Collard, président de la chambre
des députés, disait un jour à un orateur
éperdu qui réclamait impérieusement le silence :

— « Mais, monsieur, je n'ai pas qualité pour

obliger la chambre à vous écouter, quand elle ne le veut pas. »

Hélas! je n'ai pas non plus qualité pour condamner à la lecture d'un ouvrage nouveau les gens qui aiment mieux faire autre chose.

Quoi qu'il en soit, j'ai lu le livre que ces lignes précèdent, je l'ai examiné avec conscience et dévouement : je ne m'en repens pas. Il ne nous arrive pas souvent, à nous autres critiques, la chance de nous trouver en si louable compagnie. Ce roman est inspiré par un sentiment, par une idée sociale et généreuse. C'est presque une originalité, par le temps qui court, une originalité qui ne donne pas des lecteurs, je le sais, mais qui a son mérite et son attrait.

J'ajoute que ce roman relève par l'intérêt du récit, par le piquant des situations, et souvent par la distinction de la forme, la moralité du fond.

Les romans ne devraient-ils pas être des contrées bienheureuses de féeries, où l'on se consolerait des misères de ce monde, où l'on oublierait tout ce qu'il y a de fatalement imparfait en cette vie, dans nos propres cœurs et dans tout ce qui nous entoure, parmi les merveilles d'un peuple idéal et d'une nature enchantée ?

Ne devraient-ils pas au moins prendre à la réalité, si l'on ne veut pas qu'ils s'en séparent, ce qu'elle a de charmant, de bon, de gai surtout ? La gaieté est le cordial le plus puissant pour les blessures que reçoit à chaque instant notre âme, tantôt par des coups visibles, tantôt par des atteintes mystérieuses ; ce cordial, il est presque impossible de le conserver dans la vie ; pourquoi donc ne pas le transporter dans le roman ? Là il serait en sûreté ; aucune main maladroite ou cruelle ne briserait la fiole fragile qui le renferme. Quand vous seriez triste, on vous enverrait dans le roman chercher la gaieté, comme on vous envoyait, quand vous étiez fou, chercher le bon sens dans la lune, du temps des paladins.

Mais il n'en est pas ainsi.

« Comme si je n'avais pas assez de mes
» maux, je partage encore volontairement
» ceux de mille personnes imaginaires, et

» je les sens aussi vivement que les miens.
» Que de larmes n'ai-je pas versées pour
» cette malheureuse Clarisse et pour l'amant
» de Charlotte ! »

C'est l'auteur du *Voyage autour de ma chambre* qui prononce ces paroles, arrivé par un tour de son fauteuil devant sa bibliothèque, où il n'y avait que des romans ; il les prononce sans amertume, lui qui aimait tant l'élégance et les plaisirs délicats, lui qui avait une si exquise passion pour le blanc et le rose.

Le fait est que nos yeux, qui pleurent déjà tant en ce monde, dans le monde imaginaire veulent encore pleurer, et pleurer de vraies larmes sur de sérieux malheurs.

C'est, en vérité, une étrange chose : si ce que nous cherchons dans le pays du mensonge était cette mélancolie douce, aimable, parée comme les bords de la Brenta, rêveuse comme les eaux du Rhin, qui, loin d'être la sœur de la tristesse, est la compagne auguste et chérie du bonheur, cela se comprendrait.

Mais non, ce que nous voulons rencontrer,

ce que nous évoquons, c'est cette douleur
sombre, amère, implacable, qui sort, pour
nous torturer, de la nuit et du vide, après les
coups irréparables du destin, après les blessures de la société. Nous voulons que la réalité ressemble le plus possible à la vie, afin
de rapprocher le plus possible les douleurs
que nous nous donnons de celles que notre
sort nous donne.

Il faut que Jean-Jacques Rousseau nous
raconte toute l'agonie de Julie, sans oublier
une parole trompeuse, ni un regard sinistre
du médecin, une fausse joie ni un élan douloureux de la famille, rien enfin de toutes les
circonstances terribles qui accompagnent
l'heure maudite où quelqu'un d'aimé quitte
les siens.

Quand de semblables tableaux nous sont
offerts dans toute leur réalité, nous sommes
ravis ; nous passons, à les contempler, à nous
en affliger, de longues heures dont nous ne
regrettons point l'emploi. Pour cette mort et
pour cette douleur qui nous gouvernent,
dont notre monde est le royaume, nous aurons toujours l'invincible attraction, l'amour

instinctif qu'ont pour leurs éternels frimas
les habitants des terres glacées voisines des
pôles.

Les lecteurs accueilleront donc avec plaisir
l'œuvre émouvante de M. Léopold Stapleaux.
Ils l'accueilleront avec d'autant plus d'intérêt
que c'est mieux encore qu'un simple récit
inventé par l'auteur, c'est l'histoire d'un
genre d'infortune que nous avons, hélas!
trop souvent devant les yeux; c'est un éner-
gique et vivant plaidoyer de la misère contre
l'oppression de la richesse abritée derrière
une loi, dont chaque jour on méconnaît
l'esprit, dont chaque jour on oublie le principe.

Dans son livre, M. Stapleaux attaque la
contrainte par corps. Il n'est pas besoin d'être
révolutionnaire pour désirer l'abolition de
cette loi cruelle. Les hommes, en si grand
nombre dans la société moderne, qui mènent
la vie active et pratique, qui, depuis plus
d'un demi-siècle, fatiguent leur corps et leur
pensée pour des buts certains de gloire et
d'utilité ; les esprits éclectiques de la généra-
tion actuelle, qui cherchent à détruire ce qui

est mauvais et s'arrangent de ce qui est bon, souvent même de ce qui est passable, ceux-là, soyez-en sûrs, applaudiront à la pensée qui a dicté ce livre.

La contrainte par corps est un reste de la barbarie du moyen âge et des temps antiques. J'irai plus loin, les lois anciennes, plus cruelles, avaient leur raison d'être; rien ne peut justifier la contrainte par corps subsistant encore en plein dix-neuvième siècle.

L'histoire a sa logique cachée, et, en la cherchant bien, on trouve l'explication de ces lois sanguinaires, abominables, qui donnaient au créancier droit de vie et de mort sur son débiteur, et qui punissaient aussi sévèrement la mort d'un bœuf que celle d'un citoyen.

La vie était alors si précaire, le capital, cet agent suprême de la vie, était si pauvre, si rare, que la législation entourait l'épargne de toutes ses prédilections, la protégeait de toutes ses garanties, la vengeait au besoin par tous les supplices, car, là où l'épargne venait à manquer, la vie venait à manquer aussi. Ce n'était pas un homme seulement,

ni une famille, c'était la multitude qui mou-
rait.

Mais aujourd'hui sommes-nous dans les
mêmes conditions? Que protége, que défend,
que venge la contrainte par corps? La contrainte par corps protége la rapacité des usuriers contre la pauvreté des emprunteurs,
ou contre l'insouciance imprévoyante des fils
de famille (1).

Le but apparent, le prétexte de la contrainte par corps est de rendre les relations
commerciales plus sûres et de favoriser
l'essor du crédit. Il est bien facile de démon-
trer qu'elle agit directement contre son but.

Comment rendrait-elle les relations plus
sûres? les commerçants sont précisément les
seuls qui ne soient pas soumis à la contrainte
par corps, comme commerçants. Un commer-
çant qui ne peut plus tenir ses engagements
est mis ou se met lui-même en faillite. Si la
faillite est le résultat d'opérations malheu-
reuses, il obtient un arrangement qui le
libère et lui donne du temps pour s'acquitter;

(1) Voir les Notes.

si elle est le résultat de la fraude ou de la mauvaise foi, ce n'est pas la contrainte par corps qui lui est appliquée, ce sont les peines comminées par le code pénal.

Il ressort, en effet, des recherches statistiques entreprises par la ville de Paris, que la presque totalité des personnes enfermées dans la prison pour dettes sont toujours étrangères au commerce, et n'ont presque été incarcérées que pour de très-faibles sommes.

Les statistiques anglaises constatent des faits semblables pour la ville de Londres.

La contrainte par corps ne frappe que de pauvres diables endettés faute de travail, ou des fils de famille rongés par la vermine des usuriers.

La contrainte par corps permet au créancier le plus âpre, le plus cruel de se faire rembourser aux dépens de tous les autres.

La contrainte par corps ôte au malheureux débiteur non-seulement sa liberté, mais encore son travail, qui l'aurait mis à même de payer ses dettes, son travail nécessaire pour faire vivre sa famille.

Voilà un malheureux qui doit cinq cents
francs. On le met en prison ; il en sort au
bout de trois mois. Ce n'est rien, dites-vous ?
— Mais son crédit est ruiné, ses relations sont
rompues ; le travail qui le faisait vivre est
confié à un autre ; sa femme, ses enfants et
lui-même sont plongés dans la misère ; ses
créanciers ne seront jamais payés. Je ne vois
pas ce que l'humanité, le commerce, le crédit
public ont à gagner à cela (1).

Et c'est pour un tel résultat que la loi
consacre la contrainte par corps.

Le bon sens public réclame l'abolition de la
contrainte par corps. M. de Portalis le sentait
bien lorsqu'il écrivait ceci :

« Cette loi ne doit être envisagée que
comme une loi transitoire. Il faut espérer
qu'il arrivera un moment où la contrainte
par corps pourra complétement être abolie. »

Le roman que nous publions est un plaidoyer contre la contrainte par corps. Mais ne

(1) Voir les Notes.

vous attendez pas à des considérations éco-
nomiques, à des déductions de preuves, à des
discussions. L'auteur ne plaide pas, il raconte. Les faits sont plus éloquents que les
raisonnements. Après avoir lu, le lecteur
saura bien conclure.

Pour moi, un roman ayant ce but d'utilité
généreuse, inspiré par ce sentiment d'humanité, vaut mieux qu'un livre de polémique
économique. Les livres qui combattent directement les abus ne sont pas toujours ceux
qui ont le plus d'influence.

Mirabeau s'écriait un jour : « Vous avez
» pris la faux du temps; que ne prenez-vous
» aussi son horloge? »

Le polémiste prend la faux du temps; le
romancier prend aussi son horloge. Si autre-
fois notre *furie française* nous fit du tort dans
le monde des coups d'épée et des coups de
lance, ne peut-elle pas aujourd'hui nous faire
plus de tort encore dans le monde de la
pensée et de la morale?

PAUL D'IVOI.

# I

## Le père et la fille.

Le comte Guduel de Martos s'était réfugié à Paris avec sa fille, à la suite des événements qui causèrent la chute de don Carlos, dont il était un des plus chauds partisans.

Le noble Espagnol avait puisé dans le sein de la patrie de don Quichotte toute la fierté, le courage et la valeur de preux, qui constituent le côté admirable et sérieux du caractère du héros de Cervantes.

C'était en un mot un excessif de chevalerie.

Les grandes traditions valeureuses étaient restées aussi intactes dans son âme, sous les défections des générations contemporaines, que le sont les aspérités de la lime sous la dent du serpent.

2

Image gigantesque de l'infini, de la persévérance et de la force passive.

Tous les Martos, ses aïeux, se résumaient en lui. Convaincu, il eût donné sa vie pour une idée; amoureux (il l'avait été dix ans de sa femme), son âme pour sa belle; chrétien, l'espoir du croyant pour son Dieu!

Il n'avait eu qu'un enfant, une fille qui s'appelait comme sa mère : Maritana.

La comtesse de Martos était morte cinq ans après la naissance de cet enfant.

Dès lors le comte vécut uniquement pour sa fille, et, jusqu'au moment où le printemps de Maritana lui apporta cette bouffée de parfums suaves et pénétrants qui enveloppe l'enfant et en fait une femme en lui mettant au cœur je ne sais quelle étrange aspiration, le père et la fille ne s'étaient pas quittés un instant et n'avaient pu se passer l'un de l'autre.

Mais le cœur humain n'est point un chaos où se confondent tous les sentiments; chacun d'eux y a sa case qui s'ouvre quand l'heure de la vie sonne pour lui. L'enfant aime son père, la jeune fille aime son fiancé, la femme aime son mari, enfin la mère aime son enfant.

Maritana toucha à l'instant suprême où la case d'amour allait, comme une fleur aux rayons du soleil, entr'ouvrir doucement sa corolle immaculée.

Elle aima.

Mariano était digne d'elle. Guduel bénit cette passion pure et sincère, et Maritana devint la femme de Mariano.

Elle avait alors seize ans, et son ardente beauté, déjà dans un suave éclat, préparait doucement ses splendeurs futures, sous les feux des regards de celui qu'elle adorait.

L'amour de Maritana pour Mariano fut comme une révélation. Il lui sembla, quand elle le vit pour la première fois, qu'elle l'avait déjà connu, et que leurs âmes s'étaient déjà confondues jadis, dans un pays étrange dont elle n'avait conservé qu'un vague souvenir.

Mariano de son côté éprouva pour Maritana cette passion qui envahit le cœur, l'esprit et la pensée, et fait vibrer, en même temps, toutes les cordes sensibles à l'approche de l'objet aimé.

Il n'y eut plus qu'une femme au monde pour lui — la sienne.

Cette existence heureuse et calme dura un an; puis les événements politiques forcèrent le père et le gendre à se séparer de Maritana pour aller défendre leur cause. La ruine et l'exil pour Guduel, la mort pour Mariano, voilà quelle fut la récompense de leur dévouement.

Maritana n'avait point arrosé le souvenir de son époux des larmes stériles de la femme qui pleure parce qu'elle est femme, parce que son système nerveux a besoin de cet épanchement, parce que sa glande lacrymale, pressée par un choc pénible, s'épanche en flots de douleur; Mariano était mort glorieusement de la mort des braves, et en digne fille des Martos, Maritana l'avait déifié, en se jurant d'éterniser son souvenir.

Il y avait dans l'âme de la descendante de cette lignée de preux, un fond d'énergie digne de Cornélie, la sublime romaine; énergie virile qu'elle devait au sang maure qui coulait dans ses veines.

Pauvres et proscrits, Guduel et Maritana acceptèrent avec courage leur sort nouveau et supportèrent sans faiblir les coups funestes dont la fortune contraire venait de les frapper.

A peine arrivés à Paris, ils agirent en gens d'action, et s'étant promis tous deux de braver la misère, ils se mirent courageusement à l'œuvre.

Quelques centaines de piastres et les bijoux de Maritana formaient tout leur avoir; cependant l'avenir ne les inquiétait pas. N'avaient-ils pas le travail pour le rendre doux et facile?

Le père valait la fille. Moralement, c'était du bronze que le cœur du vieux gentilhomme.

Ayant vaillamment entamé la bataille, la victoire

leur resta d'abord, mais succès minime; la lutte quotidienne n'en était pas moins indispensable, et chaque jour se levant leur apportait une nouvelle nécessité qu'il fallait subir, un impérieux besoin qu'il fallait satisfaire.

Le comte se mit à vingt métiers à la fois. N'ayant pas à rougir de sa misère, ne reculant devant aucun moyen honorablement laborieux de gagner sa vie, il copia de la musique, fit des traductions, donna des leçons d'espagnol, en un mot accepta tout ce que le hasard ou ses ressources intellectuelles lui offrirent.

Maritana, de son côté, travailla sans relâche, comme si elle y eût été habituée : la broderie, la couture, le coloriage des estampes, rien ne la rebuta.

Néanmoins le père et la fille étaient obligés de s'imposer de dures privations, car les travaux auxquels ils se livraient sont de ceux qu'on rétribue peu dans la grande ville.

Trop fiers tous deux pour implorer des secours, ils supportaient avec courage leur laborieuse médiocrité; mais dans cette lutte de chaque heure, de chaque minute, le plus frêle accident devait les abattre.

Un matin Guduel ne put se lever. Le travail l'avait vaincu à son tour.

Le comte, malade de privations et de fatigues,

ne put apporter aucune aide à Maritana, pendant trois mois entiers.

—Qu'on me porte à l'hôpital, avaient été les premières paroles du vieillard en constatant son état; mais Maritana ne voulut point du sacrifice, et tout le poids du travail commun retomba sur la courageuse comtesse.

Oh! alors, que de veilles, que d'efforts, que de labeurs ardents et sans trève!

Sublime de filiale abnégation, elle se partageait sans cesse entre les soins que réclamait son cher et vénéré malade et ceux que nécessitaient ses travaux. Il n'y eut plus de jour, plus de nuit pour elle, plus d'heures de repos, plus un seul instant d'arrêt; elle se reposait de son travail incessant en veillant son père malade; elle se reposait de ses veilles en reprenant son travail.

Dieu sembla bénir sa vaillance. — Au bout de trois mois, Martos était debout.

Malgré les énergiques tentatives de Maritana, la gêne avait succédé à la médiocrité, et la dette criarde, impérieuse, inexorable, était entrée dans le pauvre logis.

Pendant tout le temps de la maladie de Guduel, la jeune comtesse avait pris soin de ne point lui faire soupçonner l'état fâcheux de leurs finances. Mille contes ingénieux avaient été forgés par elle, afin que son père ne pût se douter du précipice vers lequel ils marchaient; mais il avait bien fallu tout révéler. Le boulanger, le charbonnier, le pharmacien, et enfin le propriétaire, s'étaient présentés en créanciers impatients.

Le comte, jouissant de la considération et ayant toujours fait honneur à ses petits engagements, les calma facilement, mais il sentit le frêle échafaudage de son faible crédit s'écrouler au vent de leurs stériles réclamations. Alors il préjugea trop de ses forces.

A ce moment où la convalescence exige, peutêtre plus encore que la maladie même, certains ménagements, il reprit ses travaux.

La nature ne répond pas toujours aux élans du cœur.

Celle de Guduel lui manqua.

Une rechute grave anéantit ses forces, et son lit de souffrance reprit sa proie pour plus de temps que jamais.

L'inaction du comte et le prix des médicaments achevèrent la ruine complète du père et de la fille.

Les créanciers, las enfin d'attendre, devinrent roides, puis intraitables. Le crédit en mourant, emporte avec lui toute sympathie, toute considération. La maladie de Guduel, acceptée d'abord comme plausible motif de son insolvabilité momentanée, fut bientôt considérée comme un prétexte de débiteur qui ne veut pas payer. On ne raisonne pas devant une facture, à Paris surtout.

La position de Guduel et de Maritana devint intolérable.

Le Mont-de-Piété absorba leur petite garde-robe, les reconnaissances furent bientôt vendues à vil prix, et enfin la misère avec ses deux terribles enfants, le froid et la faim, arriva impérieuse, inexorable.

Pourtant Maritana tenait bon, et son âme de fer ne mollissait pas.

Quant à Guduel, plus malade que jamais, ses souffrances lui laissaient à peine le sentiment d'une situation dont sa fille essayait encore de lui dissimuler toute l'horreur.

Ce qui exaspérait surtout les créanciers du comte, c'était l'invincible délicatesse du père et de la fille. Voulant être payés à tout prix, ils ne concevaient pas pourquoi Maritana et Martos ne recouraient pas aux suprêmes ressources, pourquoi ils ne s'adressaient pas à la commisération de leurs riches compatriotes qui auraient pu venir à leur secours. Mais Guduel et sa fille eussent préféré mourir que de faire une démarche humiliante.

La jeune comtesse travaillait vingt heures par jour ; néanmoins les frais de la maladie de Guduel

étaient le tonneau des Danaïdes pour le modique
salaire de sa digne enfant.

Le matin du jour où commence ce récit, le propriétaire de la maison qu'ils habitaient était monté
lui-même réclamer les cinq mois de loyer qui lui
étaient dus. Une scène violente avait eu lieu entre
M. Bertrand et la jeune comtesse. Le bruit avait
arraché Guduel au sommeil réparateur qu'il goû-
tait depuis quelques instants, et il avait appelé
Maritana pour savoir ce qui se passait.

Toute en larmes, la comtesse avait réussi à per-
suader M. Bertrand à s'éloigner, et quand le comte
avait demandé à sa fille la cause de l'animation de
la conversation dont il n'avait saisi que quelques
mots, Maritana avait trouvé un ingénieux prétexte
pour l'expliquer sans inquiéter son père.

— Tu travailles trop, avait ajouté Guduel ; mé-
nage-toi, mon enfant. Que deviendrions-nous, si
tu tombais aussi malade ?

— Ne vous inquiétez pas, mon père, je suis forte,
répondit Maritana ; il faut bien que je tâche un peu
de vous remplacer, puisque vous êtes au lit.

Le docteur était arrivé.

M. Sylvain était un philanthrope, il ne réclamait
point le prix de ses visites ; mais, ne soupçonnant
que vaguement la misère de Guduel, il n'avait pas
eu l'idée de lui faire obtenir gratis ses médicaments.

Il trouva que l'état du comte s'était aggravé, et il fit une ordonnance dont il recommanda strictement l'usage immédiat.

Maritana sortit et courut chez le pharmacien.

Une convention était intervenue entre lui et la jeune comtesse.

Dans l'impossibilité où se trouvait celle-ci de lui solder l'arriéré, elle devait tout payer comptant.

— Votre médecin vous ruine, mon enfant, dit le pharmacien à Maritana. Cette potion coûtera cinq francs. Les avez-vous?

— Cinq francs! reprit la jeune femme, oui... c'est beaucoup : néanmoins faites-la, monsieur, je viendrai la prendre tantôt, et je vous paierai.

Disant ces mots, elle remonta toute en larmes auprès de son père. Cinq francs, c'était ce qu'elle gagnait en cinquante heures, et elle ne possédait pas vingt sous au logis.

Lorsqu'en rentrant elle s'approcha du lit du comte, celui-ci reposait doucement.

Le front large de Guduel était couvert d'une sueur froide qui coulait lentement dans les rides de son visage amaigri par la maladie, et perlait aux extrémités de sa moustache blanche.

Maritana essuya cette sueur fiévreuse, embrassa son père, puis doucement se remit au travail. Malgré ses efforts, ses yeux ne purent suivre son active aiguille, ils lui semblèrent atteints par la nubécule, et les grosses larmes qui les voilaient tombèrent sur la broderie.

Ce fut le premier moment de doute et de découragement de la vaillante femme.

Ses idées remontaient vers un passé meilleur : elle se rappela Madrid, la demeure des aïeux, l'amour de Mariano, leurs promenades silencieuses et douces quand ils allaient tous deux rêver, à la tombée de la nuit, aux bords du Manzanarès ; ses années parfumées de la jeunesse heureuse qui avaient été si vite ensevelies dans un linceul taché de sang.

Elle fit malgré elle une comparaison douloureuse entre ces heures riantes qui lui avaient semblé des minutes si courtes, et ces minutes d'angoisses qui lui semblaient des heures interminables.

Toute sa vie se résuma dans sa pensée, et lui apparut comme ces décors qui coupent la scène en deux, d'un côté délicieuse, suave, enivrante ; et de l'autre, fatale, misérable et sans espoir.

Bientôt cependant la mâle créature secoua cette pénible rêverie.

Une prière éclose en son cœur se fit jour à travers ses lèvres, et puisant une force nouvelle dans cet appel à Dieu, elle embrassa avec effusion son anneau de mariage, seul bijou qu'elle eût conservé jusqu'alors, l'ôta de son doigt et, s'étant assurée que le comte dormait toujours, elle sortit en prononçant mentalement les paroles suivantes :

— Mon pauvre ami, mon cher et noble Mariano, tu me pardonneras, n'est-ce pas? Ton ombre ne viendra pas me reprocher d'avoir manqué de respect pour ton souvenir adoré ; tes cendres ne tressailliront pas au fond de ta tombe, à la profanation que je vais accomplir. Dieu lui-même me dit que tu m'absous et que tu l'autorises. Et toi, pauvre anneau, ajouta-t-elle, en jetant un triste regard sur l'alliance, gage pieux d'un passé d'ivresse et de bonheur, tu ne vas pas te fondre et tomber en poussière en passant de ma main parmi les gages du pauvre. Adieu pourtant, car j'ose à peine te dire : au revoir.

Et, s'abandonnant à ces cruelles pensées, Maritana descendit, gagna la rue, et se trouva, à quelques pas de sa demeure, vis-à-vis de la montre d'un cartonnier.

Une idée lui vint aussitôt.

— Je veux au moins te faire un lit douillet, ô ma bague adorée !

Elle entra dans la boutique, acheta une petite boîte, y renferma l'alliance et, munie de sa chère relique, pénétra chez le commissionnaire du Mont-de-Piété de la Chaussée-d'Antin.

Cela se passait au mois de décembre, et les Parisiens, assis au coin de l'âtre, tout grelottants encore du froid de la rue, lisaient en frissonnant dans les journaux du soir : « Hier, à minuit, le ther-
» momètre centigrade de l'ingénieur Chevalier
» marquait 14 degrés 2 dixièmes au-dessous de
» zéro.

» La Seine est complétement prise ; l'eau gèle
» dans les appartements clos, mais non chauffés. »

Avant d'entrer dans le bureau, la comtesse sortit une dernière fois la bague du modeste écrin qu'elle venait de lui faire, la couvrit d'un tendre baiser, puis pénétrant dans une salle sur la porte de laquelle était tracé en gros caractères le mot : ENGAGEMENTS, elle passa la petite boîte à l'employé chargé des estimations.

— Combien voulez-vous là-dessus, mademoiselle ?

— Dix francs, monsieur.

— Impossible, nous ne pouvons vous en donner que trois.

— Trois francs, reprit Maritana ! Il m'en faut absolument cinq, monsieur.

— Cela ne se peut. Voulez-vous trois francs ?

— Puisque c'est tout ce que vous pouvez faire, donnez-les toujours, monsieur ; mais prenez ceci également, alors.

Disant ces mots, Maritana ôta le mauvais tartan dont elle était enveloppée et le passa à l'employé.

— Deux francs sur le châle, et encore c'est beaucoup... et pour vous obliger, dit l'estimateur après avoir examiné le vêtement.

Maritana prit les cinq francs et courut chez le pharmacien en grelottant, car le froid pénétra sa robe d'étoffe légère dès qu'elle mit le pied dans la rue.

Elle put à peine prendre la fiole, tellement étaient transies ses belles mains aristocratiques, aux doigts longs et légèrement noueux, qui, d'après les règles de la chirognomonie de d'Arpentigny, révélaient la noblesse et la fermeté de son caractère.

En traversant la rue, après avoir quitté la pharmacie, pour regagner sa demeure, Maritana entendit le fragment de conversation suivant :

— Celle-ci, par exemple, si tu veux, dit une des voix qui parlaient.

— Soit, répondit l'autre.

— Elle ressemble à une vierge de Murillo.

— Qui vient de chercher une potion pour les anges, ajouta la même voix. Acceptes-tu cette madone comme sujet?

— De grand cœur. C'est cent louis que tu me devras dans huit jours.

— Vertueux incrédule, nous verrons bien !

Sans tout saisir, quelques mots firent comprendre à Maritana qu'il s'agissait d'elle. Elle hâta le pas et entra vivement dans la maison qu'elle habitait, au moment où l'une des voix murmurait à son oreille :

— Mademoiselle, par grâce, un mot.

— Ce n'est point assez d'être pauvre, il faut encore braver l'insulte. Que d'épreuves ! se dit Maritana en regagnant son logement.

Les deux jeunes gens, qui avaient remarqué la comtesse, après un court conciliabule, entrèrent dans la maison et pénétrèrent dans la loge du concierge.

La mise des nouveaux venus annonçant l'opulence, le portier s'inclina profondément en les voyant paraître ; puis, prenant sa voix la plus mielleuse, il leur dit :

— Que désirent ces messieurs ?

— Un simple renseignement, fit celui des élégants qui avait comparé Maritana à une vierge de Murillo.

— Nous n'en donnons pas, allait riposter le portier, lorsque la vue d'un louis que son interlocuteur lui glissa dans la main banda sa souple échine comme un arc qu'on tend, et le rendit aussi loquace qu'il se promettait d'être muet.

— Parfaitement, messieurs, je suis tout à votre service, dit-il de son air le plus engageant.

— Connaissez-vous la jeune fille qui vient de monter ?

— Mademoiselle Martos, je crois bien; elle reste au sixième.

— Tu vois que c'est un ange, dit le second jeune homme à son ami. Elle habite à deux pas du ciel.

— Tais-toi donc, Gaston, laisse parler monsieur, répliqua l'autre jeune homme, en montrant le concierge. — Que fait cette jeune fille, continua-t-il ?

— Euh ! euh ! ça a l'air de travailler.

— L'air seulement ?

— Vous savez, mes jeunes messieurs, on ne peut jamais répondre de ces choses-là.

— Mais enfin... d'après vous ?

—Eh bien, pour vous dire la vérité vraie, je crois cette jeunesse vertueuse.

— Que fait-elle ?

— Elle est brodeuse.

— Vit-elle seule ?

— Non, elle loge avec son père, un vieil Espagnol, qui parle le français comme une vache de son pays.

— Qui reçoivent-ils ?

— Personne, si ce n'est le médecin.

— La jeune fille est-elle malade ?

— Non, c'est le vieux qui est au lit depuis trois mois. Du reste, je ne sais pas grand'chose sur eux. Ils ne causent pas, c'est fier, et Dieu merci, il n'y a pas de quoi, car ils n'ont pas le sou.

— Ils sont dans la misère?

— Je n'en répondrais pas. Je crois le père un malin qui cache ses pièces de quarante sous dans sa paillasse. Toujours est-il qu'ils ne payent personne.

— Vous doivent-ils?

— A moi, non ; mais au propriétaire. Ils logent en garni là-haut, et voilà cinq mois qu'on n'a pas pu voir la couleur de leur métal.

— Merci, monsieur, dit celui qu'on nommait Gaston. Viens, Rodolphe, ajouta-t-il, nous en savons assez.

Les deux jeunes gens quittèrent la loge et s'en allèrent bras dessus, bras dessous.

— Avoue, dit Rodolphe à son compagnon, lorsqu'ils eurent fait quelques pas, que je te fais la partie belle. Une fille pauvre, un père malade, une femme sans conseil et sans défenseur; mais, n'importe, je conserve mes croyances, et la preuve, c'est que, si tu veux, je double le pari,—car je suis certain que tu échoueras.

—Encore entêté. Soit, j'accepte la proposition pour te punir. Va donc pour deux cents louis, mon cher Rodolphe. Mais il est bien entendu que j'agirai en ton nom.

— Je n'en vois guère l'utilité.

— C'est Olympe qui m'y force, elle est jalouse comme une panthère.

— Tu la payes si bien.

— Merci du compliment.

— Il n'y a pas de quoi.

— Acceptes-tu?

— Oui, répondit Rodolphe, car je veux te guérir.

— Dans huit jours nous saurons qui de nous est le sage. Dès demain je me mets en campagne.

# II



Trois heures avant que la comtesse de Martos fût rencontrée par Rodolphe et Gaston, ceux-ci s'attablaient en compagnie dans un des cabinets particuliers du café Anglais.

L'heure du potage avait sonné à l'estomac des convives.

Ils étaient cinq hommes et trois femmes ; tous appartenaient au monde des viveurs. Les hommes étaient riches et jeunes, les femmes étaient ces créatures indescriptibles, mosaïques d'appas, d'ignorance et de rapacité, qui, après avoir porté le nom de courtisanes, de lionnes, de lorettes et de camélias, s'appellent aujourd'hui des *biches*.

Pourquoi?

Nous aimons mieux n'y voir qu'un motif de hasard et de mode, que de penser qu'on les appelle ainsi, parce qu'on considère ceux qui les fréquentent, comme des gens, dignes en tout point de porter le nom que Buffon donne aux mâles des charmants quadrupèdes qui ont servi de parrains à ces demoiselles.

Assis autour d'une table somptueusement dressée, tous les convives semblaient attendre, car une légère impatience était répandue sur leurs visages.

Du reste, une chaise vide indiquait un retardataire.

L'une des femmes écorchait la Rosita sur le piano.

— Voilà bien comme est Durouget, inexact comme un sac d'écus, dit quelqu'un.

— Il ne peut jamais arriver qu'au dessert, ajouta sa voisine.

— Comme les bonnes choses qui n'arrivent qu'à la fin de tout, ma chère Cora.

— Cela dépend, mon cher Gaston. J'ai rompu dernièrement, et la fin n'a pas été bonne.

— Que t'est-il arrivé?

— Mon Dieu, la plus sotte chose du monde; j'ai mis un petit monsieur à la porte sans pouvoir parvenir à lui faire payer un dédit.

— Sortie à mettre aux profits et pertes. Ton grand-livre doit être plein de ces choses-là.

— Tu crois donc, Finet, que je ne connais que tes amis ?

— Merci pour nous.

— Mon petit Gaston, il y a des exceptions.

—· Qui confirment la règle.

— Ah ! docteur, pas d'arithmétique !

— Non, et surtout pas de piano; Délia, tu nous écorches les oreilles, ma chère.

— Ce n'est pas étonnant, c'est un accordeur qui lui a donné des leçons.

— Bravo ! Finet.

— De qui est-il?

— Dans quoi l'as-tu lu?

— Délia seule s'oppose à ton succès; tu l'as blessée profondément.

— Ma foi, non, ma chère; les mots de Finet sont des serpents engourdis : ça ne pique pas.

— Messieurs et mesdames, une motion d'ordre : Commençons, — Durouget arrivera toujours assez tôt pour Finet.

— Que veux-tu dire?

— Tu le sais mieux que moi, mon pauvre ami !

— Allons! allons! Olympe, grâce pour Finet, il a eu de l'esprit tout à l'heure.

— En effet le ballon est dégonflé.

— Le potage ! le potage ! Allons, mesdames, chœur des invités : le potage ! le potage !

— Oui, oui, nous mourons de faim.

— Veux-tu sonner, mon cher Rodolphe, dit Gaston à son ami qui avait gardé le silence en écoutant les quolibets des autres, — en ta qualité d'Amphytrion, cela te regarde.

— Volontiers.

En prononçant ce mot, Rodolphe se leva et agita le cordon de soie qui pendait à droite de la cheminée.

On servit, et ce quart d'heure de silence qui commence tous les repas, succéda à la tempête bruyante dont nous venons de consigner les principaux traits.

L'entrée dans le cabinet d'un gros garçon de trente ans environ, encapuchonné jusqu'aux yeux dans un énorme cache-nez de cachemire blanc, fit relever la tête à tous les convives.

Ce fut un cri presque unanime.

— Ah ! voilà Durouget ! vive Durouget !

— Bonjour, mon gros.

— Viens donc, retardataire.

— Mille excuses, mes chers bons, dit le gros garçon. Vous ne m'en voulez pas de mon manque d'exactitude, n'est-ce pas, M. le comte ? ajouta-t-il en s'adressant à Rodolphe, tout en ôtant son chapeau, son paletot et son cache-nez qu'un garçon emporta.

— Nullement, monsieur. Prenez place, nous commençons à peine, et c'est nous qui devons nous faire pardonner.

— Vous plaisantez, monsieur.

— N'en accusez du reste que ces dames.

— Oui, Cora nous menaçait de manger Finet.

— Ella l'a digéré depuis longtemps; n'est-ce pas, Cora?

— Durouget, de grâce, après le potage!

— C'est juste, ma fille, estomac vide, gaieté nulle. Ah! mes enfants, quel froid! ajouta le gros garçon en prenant place entre Olympe et Cora. Je viens de rencontrer sur le boulevard trois ours blancs, dont deux de Finet.

— Des ours?

— Pononcez : pièces refusées.

— Mon petit Finet, prends garde à la bombe, voilà la première fusée qui part.

— Ce boursicotier de Durouget est jaloux de mes vaudevilles, ma chère Olympe, répliqua Finet.

— Il les connaît donc? demanda Gaston.

— En ce cas, il est le seul.

— De grâce, Olympe, ne condamnez pas d'avance ces pauvres enfants. Vous les verrez un jour, mesdames, ajouta avec assurance le vaudevilliste.

— Un jour, c'est le mot... à Guignol.

— Messieurs et mesdames, dit à son tour Rodolphe, il me semble que vous êtes tous bien sévères
pour M. Finet. La carrière dramatique ressemble
aux anciennes diligences, il faut s'inscrire longtemps à l'avance pour trouver place.

— C'est évident, il faut partir pour arriver, dit
le docteur Sylvain.

— C'est vrai, répliqua Durouget, mais les pièces
de Finet sont mouillées comme celles du dernier feu
d'artifice du Trocadéro ; elles ne partiront jamais.

— Qui vivra verra, répondit stoïquement Finet,
fort de cinq années de persévérance et de refus con-
tinuels dans tous les théâtres de genre.

— Voyons, messieurs, croyons en Finet, dit
Olympe, et que Durouget se fasse pardonner l'at-
tente à laquelle il nous a forcés en nous expliquant
le motif de son retard.

— Tu as raison, Durouget, tu as la parole ; justi-
fie-toi.

— Mes amis, reprit le gros garçon, vous connaissez le proverbe : *Les affaires avant tout !* Voilà ma
justification.

— Tu ne fais pas d'affaires à cette heure-ci, mon
bon, la Bourse est fermée.

— Mais la mienne est ouverte. Il s'agit d'un
placement d'argent !

— Ne dis donc point de bêtises, nous savons tous
que tu ne fais point d'économies.

— D'un placement d'argent à fonds perdu, reprit
le boursier.

— Et sans intérêt, probablement?

— Oh! non pas, mais le taux légal n'a rien à y
voir. C'est un intérêt... de cœur; je veux couvrir
d'or une jeune blonde charmante... malheureusement elle repousse la couverture.

— Mon petit Durouget, si tes médailles t'embar-
rassent, souviens-toi que je suis toujours chez moi
le premier janvier et que j'adore les pralines avec
des diamants autour.

— Si tu disais un diamant avec des pralines autour, je pourrais songer à te la souhaiter bonne et
fructueuse, Cora. Tu as les yeux plus grands que
la caisse, cela nuira toujours à tes affaires.

— Oh ! l'entendez-vous, le cancre, pour un bibe-
lot que je lui demande.

— Je te le promets, ne m'invective pas. Je t'enverrai les œuvres complètes de Finet, ornées du
portrait de son héroïque éditeur.

— Eh bien, moi, Cora, je t'enverrai le diamant
sans le portrait de Durouget, s'écria Finet.

— Ah ! messieurs, c'est répliquer en homme d'esprit et en grand seigneur tout à la fois, dit Gaston.

— Gloire à Finet, il a la corde.

— Et le sac, paraît-il, ajouta Durouget.

— Ah! ah! ah!

— Sans vouloir faire concurrence à la magnificence de M. Finet, je le prierai de vouloir bien me permettre d'offrir un présent à ces dames, dit Rodolphe. Il est de. mon devoir de payer ma bienvenue dans Paris.

— Et Finet, vaudevilles à part, est trop gentil pour s'y opposer, monsieur le comte, remarqua Délia.

— Tu as raison, ma chère, reprit Olympe. Aussi conseillerais-je à M. d'Erclange de te donner une méthode de piano; tu pourras ainsi faire des gammes tout à ton aise.

— Il est certain que si Délia se loge sur l'arc de Triomphe, personne ne s'y opposera.

— Durouget, vous avez tort de vous moquer de moi ; j'aime la musique.

— Comme l'aveugle du Pont-Royal, nous le savons.

— Ah! voilà Finet qui devient méchant! Docteur, je crains l'hydrophobie pour Finet; il mord.

— M. Finet sable trop bien le champagne pour m'inspirer aucune crainte.

— C'est juste; les enragés ne boivent pas!

— Tu devrais bien t'en abstenir en ce cas, Durouget, car je ne connais pas de dogue plus ardent à la proie que tu ne l'es à me gouailler.

— Allons, allons, Finet, pas d'aigreur et de longues répliques; songe que la France attend ta prose et ne te ruine pas en nous débitant ce que tu pourrais écrire.

— *Meâ culpâ*, répondit comiquement Finet, que la sainte littérature me pardonne, je suis un grand pécheur...

— A la ligne, ajouta Gaston.

— Certainement, cette rechute de chatte sur les quatre pattes à l'endroit de Finet, ne manque pas d'attraits, messieurs; mais ma curiosité a été tout à l'heure éveillée par Durouget, et je tiens à la satisfaire, dit Olympe.

— Voyons cette lacune à combler.

— Ne nous as-tu pas parlé d'une blonde, d'un placement de fonds?

— Oui.

— Eh bien?

— Eh bien, dans deux jours je saurai si cette jeune fille croit, comme M. Scribe, que l'or est une chimère, et si elle préfère sa mansarde et son pain noir, à l'appartement que je lui offre, et aux festins de Lucullus que je lui fais entrevoir.

— Tranchons le mot, tu veux perdre une jeune fille.

— Je trouve l'expression singulière dans ta bouche, Olympe.

— C'est une dent de sagesse qui lui pousse par inadvertance, s'écria Finet.

— Encore pour quatre sous de copie que tu gaspilles, lança Durouget.

— Voyons, messieurs, interrompit Rodolphe, nous autres provinciaux nous avons quelques illusions.

— Oh! toi, tu en possèdes la collection complète.

— Permets-moi d'achever, Gaston. Je partage assez l'opinion de M<sup>lle</sup> Olympe; M. Durouget veut perdre une jeune fille.

— Monsieur le comte, répliqua le boursier, je n'accepte pas plus le mot dit par vous que par Olympe. Perdre une jeune fille est une expression qui n'appartient plus qu'au répertoire du boulevard du Crime. J'ai trouvé, dans une mansarde sans feu, vêtue d'une robe d'indienne en décembre, et n'ayant même pas de socques, une adorable enfant, une créature faite pour fouler les tapis moelleux, porter de la soie et des perles, et s'étendre nonchalamment au fond d'une calèche. Elle est orpheline, seule, indépendante. Racheter les erreurs du sort envers elle, est non point une mauvaise action, mais un devoir pour un galant homme.

— Que ne l'épousez-vous?

— Ah! Rodolphe, tu es beau comme l'antique. Quel patriarche tu fais!

— Laissez-moi répondre, Gaston, reprit Durouget. Ma philanthropie ne va pas jusqu'à la mairie, monsieur le comte. Cette jeune fille, sage, il est vrai, jusqu'à présent, n'a point reçu d'éducation; ce sera une adorable maîtresse après cinq ou six mois d'efforts; mais de là à en faire sa femme il y a loin.

— Mais vous parlez déjà comme si la chose était accomplie.

— Elle le sera bientôt; j'ai usé des grands moyens, des irrésistibles procédés, j'ai parlé argent.

— Et vous croyez qu'il doit tout aplanir.

— Tout; oui. Voyez-vous, monsieur le comte, en un cas semblable, après les soupirs, qui sont tombés en désuétude, la guitare dont plus personne ne joue, le billet de banque est concluant. C'est l'assaut définitif après le siége, c'est le dernier boulet qu'on lance pour qu'une place se rende, car l'or est l'image de la force actuelle, et rien ne lui résiste, pas même la vertu.

— Vous avez là des opinions terribles, monsieur, reprit Rodolphe.

— Vous les partagerez bientôt, mon cher comte, car l'expérience seule me les a données.

— Alors vous croyez que la vertu ne résiste pas à une poignée de louis.

— Plus ou moins grosse, rarement du.moins.

— Jamais, s'écria Gaston. Demandez à ces dames?

4.

— Cela ne nous regarde pas, répondit Délia.

— Est-ce parce qu'on parle de vertu que tu réponds ainsi?

— Durouget, tu es méchant. Je veux simplement dire que la théorie n'a rien à faire avec nous.

— La pratique vaut mieux... marchande, va!

— Si tu vends tes impertinences, tu feras fortune.

— Trêve de discussion, je donne ma langue aux chiens!

— Tu veux donc les empoisonner?

— Cora, encore un comme celui-là, et je supprime le premier janvier.

— Eh! dis donc, pas de bêtises, mon cher, cela te porterait malheur.

— Docteur, interrompit Rodolphe, croyez-vous à l'infaillibilité du moyen prôné par M. Durouget.

— Je crois, mon cher comte, que Paris est une ville étrange où les misères sont aussi nombreuses que les pavés, et je suis forcé d'avouer que la privation, la gêne, la faim, prêtent souvent l'oreille en entendant sonner une bourse garnie.

— Je serai donc seul de mon opinion, messieurs; appelez-moi incrédule, je le mérite, novice, je le suis, mais jusqu'à preuve du contraire, je maintiens qu'il est bien des jeunes filles pauvres qui résisteraient même aux tentations les plus attrayantes du luxe, s'il fallait qu'elles les achetassent au prix de leur déshonneur.

— Ton « jusqu'à » ne vivra guère, mon cher Rodolphe ; et si tu tiens à être persuadé, je me charge de le faire avant peu, lui dit Gaston.

— Développe ton idée ?

— Elle est simple. Choisis une jeune fille et essaie ; ou plutôt laisse-moi essayer en ton nom. Je parie cent louis qu'avant huit jours elle sera chez toi.

— Soit ; mais je te préviens d'avance que si, à l'encontre de mes idées, celle que nous choisirons vient à moi, je tâcherai, tout en m'avouant vaincu, de la ramener dans le droit chemin.

— Tu feras comme tu l'entendras, mais j'aurai gagné, et à l'avenir tu seras moins incrédule. Mais trouverons-nous la jeune fille en question ?

— Nous la choisirons au hasard.

— Où cela ?

— Dans la rue.

— Mais tu as perdu d'avance, mon pauvre Rodolphe. Je vais te voler ton argent.

— Non pas, reprit d'Erclange. Je suis physionomiste. La première femme jeune et jolie que nous rencontrerons, et dans laquelle je reconnaîtrai certains indices qui ne peuvent, me semble-t-il, tromper un honnête homme, nous la suivrons, nous prendrons sur sa position les renseignements né-

cessaires, et tu feras le Méphistophélès à ton aise ;
moi je serai Faust, mais je m'arrêterai à la scène
du balcon.

— C'est dit.

— Bravo, Gaston, fit Cora ; si tu gagnes, tu nous
paieras à souper.

— J'y consens.

— Et si tu perds, ne ris pas, mon ami, ajouta
Rodolphe; je demanderai à ces dames la permission
de les faire souper à mes frais ; quant aux cent
louis que je t'aurai gagnés, je les donnerai aux
pauvres.

— Saint Vincent de Paul, va, c'est dit.

Le café servi, les liqueurs bues, les cigares allu-
més, chacun s'apprêta à prendre la direction de ses
plaisirs de la soirée ; et le dîner finit faute de dévo-
rants.

Gaston et Rodolphe sortirent ensemble, et, tout
en marchant sans but, ils arrivèrent rue de la Victoire, devant la maison qu'habitait Guduel, où
Maritana fut aperçue par Rodolphe, qui, soit hasard,
soit vraiment qu'il fût physionomiste, la choisit
immédiatement pour tenter l'expérience morale qui
faisait l'objet de son pari avec Gaston.

# III



**Faust et Méphistophélès.**


Le comte Rodolphe d'Erclange, qui s'était lui-même qualifié de novice et de provincial devant des gens d'un monde qui considère ces deux adjectifs comme couvrant de ridicule celui à qui ils s'appliquent, était un beau jeune homme de trente ans.

Soixante mille livres de rente en biens-fonds, que lui avaient laissées ses parents, lui faisaient la vie large et facile.

D'une noblesse excellente et ayant reçu une éducation parfaite, il pouvait prétendre à quelques succès dans le meilleur monde de Paris, où il avait ses entrées en sa qualité de gentilhomme et de cavalier spirituel et distingué.

Rodolphe était blond; sa barbe, qu'il portait entière et un peu longue, encadrait parfaitement sa physionomie franche et ouverte sur laquelle était répandu un grand air de distinction qui, du reste, régnait dans toute sa personne.

A la sortie du collége, il était allé vivre avec ses parents, dans le Dauphiné, où se trouvait la terre patrimoniale de ses ancêtres.

Son père, craignant le séjour de Paris pour son unique enfant, grâce à l'affection que Rodolphe lui portait, n'avait pas eu grand'peine à le fixer auprès de lui.

La chasse, la pêche, la lecture, des visites aux voisins d'Erclange, avaient rempli l'existence de Rodolphe, qui, tout en vivant loin de Paris, suivait assez, dans les journaux et les revues littéraires, le mouvement intellectuel sérieux ou frivole de la capitale, pour n'avoir jamais l'air, en y arrivant, de venir droit de son village.

La vie de famille avait mis dans son cœur des croyances vertueuses que ne possèdent pas les désœuvrés du boulevard des Italiens. Son esprit ne s'était point trempé dans ce scepticisme fâcheux de la plupart de ceux qui constituent ce que l'on appelle la jeunesse dorée, — vieillards sans cheveux blancs, qui croient plus au billet de banque qu'à l'amitié, au vice qu'à la vertu; nommant amour un caprice; affection, le moindre lien; plaisir, le cheval, le club et ces *dames*.

Lecomte d'Erclange, père de Rodolphe, mourut; quelques mois après, Rodolphe perdit aussi sa mère. Il passa environ un an abîmé dans sa douleur. Lorsque le temps l'eut un peu adoucie, lorsque les soins inévitables à donner à l'administration de la fortune considérable qu'il venait d'hériter lui eurent apporté des distractions et du soulagement, Rodolphe comprit qu'il ne pourrait plus vivre dans l'isolement où il se trouvait.

Le château d'Erclange lui sembla vide, il se crut perdu dans ses grands corridors et dans la salle qui servait de lieu de réunion à la famille. Tout prit à ses yeux une couleur sombre. L'hiver sonna son glas désolé à l'horloge de l'année, et Rodolphe résolut de s'arracher de cette demeure, où il avait si doucement vécu, aimé, chéri, choyé par ceux qui n'étaient plus et où tout lui rappelait des souvenirs qui déchiraient son cœur.

— J'ai trente ans, se dit-il un jour; j'ai perdu ma famille, il me faut songer à m'en faire une seconde. Que le ciel daigne mettre sur ma route une nature noble et sincère, comme l'était ma sainte mère, j'en ferai la compagne de ma vie; alors d'Erclange reprendra son air de bonheur; la maison s'illuminera de nos amours fidèles; le parc retentira des cris des enfants, et ceux qui sont là-haut, voyant la félicité revenir s'asseoir à mon foyer, béniront mon avenir comme ils ont protégé mon passé.

Mais l'amour n'avait pas encore pénétré dans son cœur, et Rodolphe voulait aimer la femme qu'il épouserait.

C'était une grande âme que la sienne ; sereine et chaste, elle n'admettait ni préjugés, ni conventions en fait de sentiments.

Les idées modernes ont fait du mariage une affaire dans laquelle la femme ne vient qu'en troisième ligne. On épouse la dot, le nom et la jeune fille par dessus le marché. Elle descend à l'état de moyen indispensable, mais n'est plus un but. Tous les gens qui ont des emplois restreints par un privilége se marient pour payer leur charge ; les médecins, pour donner une garantie morale aux maris de leurs jolies clientes ; les propriétaires, pour vider une question de mur mitoyen ; enfin, ce n'est que par rare exception que l'on voit certains hommes se marier pour avoir une compagne, et surtout le faire sans que la question d'argent n'entre pour les trois quarts dans le parti qu'ils prennent de prononcer ce *oui* solennel que si souvent on a justement nommé fatal.

Rodolphe était de ces fous généreux qui ne veulent qu'aimer la femme qu'ils choisissent. Il voulait qu'elle fût belle, noble, honorée; il voulait qu'elle fût intelligente et qu'elle eût une de ces âmes ouvertes à tous les purs sentiments, qui font de la femme la joie, le bonheur, la consolation, le soutien, l'espoir, la vie enfin de son époux.

Quant à la fortune, il ne s'en préoccupait guère; n'était-il pas assez riche pour deux?

Dans le pays qu'il habitait, aucune femme n'avait fait naître en lui cet amour d'élite qu'il avait rêvé. Aucune ne lui avait paru digne d'être associée à sa vie; il résolut en conséquence de venir se fixer à Paris, ou tout au moins d'y passer l'hiver, espérant que dans ce monde où brillent toutes les aristocraties de la naissance, de l'éducation, de l'intelligence, il rencontrerait enfin son idéal.

Gaston d'Arteville, avec qui il était resté en correspondance depuis l'époque où ils avaient quitté ensemble le collége, fut le pilote qu'il choisit d'avance pour le guider sur l'océan parisien; mais bien que pendant les deux dernières années les lettres de Gaston, par leur positivisme, l'eussent quelque peu surpris, son étonnement fut au comble en entendant raisonner son ami.

D'Arteville, corrompu par la vie inoccupée, blasé, ne croyant plus au bien, n'était plus le naïf Gaston que Rodolphe avait connu jadis. Dix années l'avaient transformé; à l'âge de vingt-huit ans, il semblait en avoir quarante, voilà pour le physique; quant au moral, c'était un vieillard. Gaston se levait à trois heures, allait au bois, flânait chez les marchands de chevaux des Champs-Élysées et montait ensuite au cercle. Il avait ses grandes et petites entrées chez toutes les pécheresses, jouait un jeu d'enfer, cotait la beauté de toutes les femmes comme on cote la rente à la Bourse, et ne fréquentait que le monde des viveurs qu'on devrait nommer le monde des mourants.

Les courses et ces dames avaient inculqué à d'Arteville une manie fort répandue dans le demi-monde et que Gaston poussait à l'extrême; cette manie, c'était le pari.

Gaston faisait des paris à propos de tout. Sur les cours de la Bourse, sur le numéro de la première voiture de louage qui allait passer, sur la fausse natte d'Olympe ou de Cora, sur l'âge de son portier, enfin sur tout ce qui peut défrayer la conversation des gens qui n'ont rien à se dire et qui tournent leur langue comme les moulins à vent tournent leurs ailes, même lorsque le grain est broyé et qu'il n'en reste plus sous la meule.

L'arrivée de Rodolphe avait été pour d'Arteville une bonne fortune complète; certaines liaisons résistent à tout, même à la démoralisation, et Gaston aimait vraiment d'Erclange. La vue de son ami l'avait charmé. Il s'attendait à lui trouver un air de gentilhomme campagnard qui l'eût un peu embarrassé; mais en apercevant un beau garçon, mis comme lui, sans gêne, sans affectation, s'exprimant avec facilité, il avait résolu de le produire immédiatement dans son monde.

— Je vais te montrer ce soir même à ces demoiselles, lui avait-il dit. Nous inviterons des comparses fort drôles; cela t'amusera. Tu verras les femmes les plus charmantes et deux hommes fort désopilants lorsqu'ils se trouvent ensemble. Seulement, comme je ne t'attendais pas si tôt, je me suis engagé pour aujourd'hui, j'ai invité le docteur Sylvain; c'est un charmant homme et notre médecin à tous; il ne sera pas fâché de dîner en compagnie; je te demande donc la permission de le faire entrer au nombre de mes convives.

— Ta proposition me sourit beaucoup, avait·répliqué Rodolphe, cependant je ne l'accepte qu'à la condition formelle que ce soit moi qui serai l'Amphytrion.

— A ton aise. Entre nous pas de façon.

Cela dit, les deux amis étaient allés au cercle où Gaston inscrivit Rodolphe. Là, d'Arteville avait présenté Durouget et Finet au comte d'Erclange.

On avait envoyé prévenir Olympe, Cora et Délia, et le lecteur sait le repas qui avait été le résultat des dispositions savantes de Gaston pour faire ce qu'il appelait produire Rodolphe.

# IV



**Les trois visites.**

Le lendemain du jour du dîner des camélias et de leurs jardiniers, Guduel, après quelques heures de sommeil, s'éveilla vers sept heures du matin.

Maritana, succombant à la fatigue, s'était endormie près du lit du malade. Surprise par une invincible lassitude, elle avait laissé brûler la bougie jusqu'au bout et sa broderie s'était échappée de sa main.

Le comte la regarda avec attendrissement.

— Oh! elle se tuera, se dit-il, elle se tuera, la courageuse enfant! Pauvre Maritana! Si jeune, si belle, en être là! réduite à passer ses nuits en travaillant pour me donner du pain! Chère noble créature, sainte fille, je te bénis et je t'admire. Ah! les pères devraient mettre le bonheur de leurs enfants au-dessus de leurs convictions politiques.

Un coup frappé à la porte interrompit les réflexions du comte de Martos et éveilla Maritana.

— Comment, vous êtes éveillé, mon père, dit-elle, et vous me laissez dormir comme une paresseuse. O méchant père !

— Me crois-tu donc capable de te priver sciemment d'un des rares instants de repos que tu goûtes. Maritana, tu te fatigues trop, mon enfant, prends garde.

— Soyez sans inquiétude, mon bon père.

— Embrasse-moi, cœur d'or, et va ouvrir. On a frappé; c'est ce qui t'a éveillée.

— J'y vais, père, dit Maritana après avoir approché son front des lèvres pâles du comte.

L'importun qui venait si matin chez Guduel, était le concierge que nous connaissons déjà.

— Pardon, mademoiselle Martos, dit-il à la jeune comtesse; pardon si je vous dérange, mais il faut absolument que je parle à votre père.

— Mon père est souffrant et ne peut recevoir en ce moment.

— Il le faut cependant, car la chose est grave et ne souffre aucun retard — c'est de la part du propriétaire.

— M. Bertrand est venu hier lui-même, répliqua Maritana ; que nous veut-il encore ?

— Une chose simple, mademoiselle, son argent.

— Hélas ! déjà il m'a fait une scène en me le réclamant ; mais qu'il considère l'événement qui nous frappe : mon père est malade depuis trois mois, vous le savez, monsieur, sa maladie a coûté beaucoup d'argent. Que M. Bertrand prenne un peu dé patience, et dès que mon père sera rétabli, nous le payerons, je vous le jure.

— Tout cela est fort bien, mais de bonnes raisons ne suffisent pas, mademoiselle, cela ne peut satisfaire M. Bertrand. Je connais ses intentions, il sera inflexible.

— Mais que faire ?

— Payer, je vous le conseille.

— Je vous le répète, monsieur, c'est impossible.

— En ce cas, ne vous étonnez de rien, et si on mène M. Marthos à Clichy, n'en accusez que vous.

— Je ne saisis pas le sens de vos paroles ; Clichy, qu'est-ce donc ?

— Parbleu, c'est la prison pour dettes.

— La prison, la prison pour mon père !

— Dame, je vous avertis moi, je n'y suis pour rien.

— Mais, c'est barbare, horrible.

— Que voulez-vous que j'y fasse, mademoiselle.

C'est la loi pour tout le monde ; à bon entendeur salut. Serviteur, mademoiselle Martos.

— Oh ! monsieur, ne partez pas encore, je vous en supplie ; un mot de vous, j'en suis sûre, pourrait tout arranger.

— Mais, que diable ! voulez-vous que je dise à monsieur. Il veut son argent cet homme, c'est tout naturel !

— Ne pourrais-je le fléchir ?

— Donnez un à-compte.

— Mais je n'ai rien, rien ! Oh ! la misère, ajouta tout bas Maritana.

— J'ai rempli ma mission, et ma loge est vide, Zoé fait ses ménages, il faut que je descende. Tâchez d'arranger cela, mademoiselle ; vous devez avoir des amis, tâchez… il est plus que temps. Adieu.

Le portier descendit en prononçant ces mots. Le mot prison avait attéré Maritana. Une pâleur livide se répandit sur tous ses traits, et lorsqu'elle rentra dans la chambre de Guduel, elle était plus blême que lui.

Le comte assoupi n'avait rien entendu.

Maritana reprit tristement sa place au chevet du malade et son aiguille active se remit au travail.

Deux heures après, le docteur Sylvain entra. Il trouva que l'état du comte s'était aggravé. La fièvre avait fait des progrès terribles ; le pouls était fort agité, la tête était lourde, le corps affaibli.

— Redoublez de soins pour votre père, mademoiselle, dit le médecin à Maritana ; et veillez surtout à ce qu'il ne puisse éprouver aucune secousse ? La moindre émotion pourrait lui être très-funeste.

— Vous le trouvez donc bien mal, monsieur ?

— Rien n'est désespéré, mais tout peut amener des accidents fâcheux dans la maladie qu'il a. Je vous recommande donc de suivre de point en point mes instructions.

— Oh ! je n'aurai garde d'y manquer, monsieur, répondit Maritana ; et toute la tendresse qu'elle éprouvait pour Guduel se fit jour dans l'accent dont elle prononça ces paroles.

— Je reviendrai encore ce soir, ajouta le médecin. Laissez dormir M. Martos tant qu'il en éprouvera le besoin ; le repos seul peut améliorer son état.

Sur ces mots, le médecin sortit et Maritana se trouva de nouveau seule en face du comte endormi.

Un grand combat s'était livré dans l'âme de la noble jeune femme pendant tout le temps que le docteur était resté auprès d'elle.

Depuis la visite du concierge, Maritana, terrifiée par les menaces de ce dernier, n'avait plus qu'une pensée terrible, odieuse, se résumant en un mot : la prison.

En voyant entrer le médecin, la noble fille avait résolu d'implorer son aide ; la somme due au propriétaire n'était pas assez forte pour effrayer une âme obligeante et généreuse, et Maritana espérait pouvoir l'emprunter au docteur Sylvain.

Ce dernier connaissait du reste l'histoire du comte et de sa fille : tous deux la lui avaient racontée par fragments.

Quelque défiant qu'on soit, se confier soulage et Guduel et Maritana, en révélant leur passé au médecin, avaient cédé à cet impérieux désir que nous éprouvons tous plus ou moins, de dire à d'autres nos joies et nos peines.

Malgré cette espèce d'intimité, résultat des confidences faites, confidences dans lesquelles, si complètes qu'elles fussent, le mot argent n'avait jamais été prononcé, tous les efforts de Maritana pour vaincre sa délicate timidité, avaient été impuissants. L'état de maladie de son père, leur commune misère, l'avenir de captivité qui planait sur le comte, rien n'avait pu ouvrir ses lèvres, et faire sortir de sa bouche une demande d'argent.

— S'il me refusait, se dit Maritana, mon humiliation serait irréparable et stérile. Non-seulement il ne nous prêterait pas l'argent qu'il nous faut à tout prix, mais encore, peut-être, cesserait-il ses visites. Mon père alors, abandonné par lui, n'aurait plus que mes soins ignorants pour le rappeler à la vie. Taisons-nous, le ciel me viendra peut-être en aide.

Ces réflexions empêchèrent la jeune comtesse de dire au docteur Sylvain l'affreuse vérité.

Rien ne coûte à Paris comme la gêne. Le crédit, si mince qu'il soit, a son usure rapace et affamée. Comment discuter un prix, ou seulement marchander, lorsqu'on n'a point l'argent en main?

Les prêteurs à la petite semaine placent leurs écus à quatre cents pour cent. Le pauvre, une fois obéré, ne peut plus, à moins d'un miracle, rétablir l'équilibre de ses modiques finances. La lutte quotidienne suffit à peine à entretenir la confiance en permettant au malheureux de donner de légers à-compte. Tous les marchés, comme celui de la Bourse, ont deux prix, l'un pour le comptant, l'autre pour le terme. C'est normal, puisque tout négociant doit faire la part des risques à courir, mais c'est une chose accablante pour ceux qui se trouvent dans la position du comte de Martos et de sa fille.

Malgré son travail, malgré ses efforts constants, Maritana voyait le gouffre s'ouvrir devant elle et son père; précipice horrible, au fond duquel la misère, la faim et la mort ricanaient toutes trois plus sombres que les Parques, en voyant retomber à chaque heure sur la vaillante jeune femme ce rocher de Sysiphe qu'on appelle les besoins de chaque jour.

En réfléchissant, après la sortie de Sylvain, à ces choses terribles, à cet horrible et prochain avenir, la comtesse contempla le visage amaigri de Guduel.

Une pâleur étrange était répandue sur les traits du comte.

Immobile et respirant à peine, il avait plutôt l'air d'un cadavre que d'un homme souffrant.

C'était une trève que lui faisait la fièvre.

— Oh! se dit Maritana, mon pauvre père est perdu, je le vois bien, la science sera impuissante, mes soins infructueux, cette maladie est mortelle! Soit, nous mourrons ensemble, puisque vous le voulez ainsi, mon Dieu! En paraissant devant vous, nous pourrons réclamer sans crainte la part des justes et des bons. Notre heure est marquée; qu'elle sonne! Vous daignerez nous accueillir avec bonté, Seigneur, lui pour sa noble vie, et moi, malgré le crime que je commettrai en abrégeant la mienne, je trouverai aussi grâce devant vous, n'est-ce pas, car j'aurai vécu, c'est-à-dire lutté, tant qu'il me sera resté ici-bas une existence à rendre douce, un devoir pieux à accomplir. Mariano, mon bien-aimé, bientôt, bientôt nous serons réunis!

En adressant cette prière lugubre à celui qui

règle nos destinées, Maritana s'était agenouillée près du lit de son père, dont elle embrassa la main transparente et sèche en la baignant de pleurs.

Un troisième coup discrètement frappé à la porte de la chambre tira Maritana de cette douloureuse et morne prostration.

Elle essuya ses yeux, embrassa le malade ou plutôt effleura son front de ses lèvres brûlantes et alla ouvrir la porte de la chambre voisine.

— Peut-on entrer, mademoiselle Martos, je ne vous dérange pas?

— Non, Suzanne, entre, mon enfant, tu es toujours ici la bienvenue; seulement je vais aller chercher mon ouvrage de l'autre côté, où nous ne pourrions demeurer sans éveiller mon père.

— C'est cela, allez, mademoiselle. Comment va M. Martos?

— Pas bien aujourd'hui.

— Oh! pauvre M. Martos!

— Le sort s'acharne après nous, ma pauvre Suzanne, mais c'est Dieu qui le veut, il faut accepter courageusement les cruelles épreuves qu'il nous fait subir. Je reviens, mon enfant, je reviens.

La personne qui venait d'entrer chez le comte était une blonde jeune fille de dix-huit ans. Elle s'appelait Suzanne Martin, et travaillait pour le même magasin que Maritana. Suzanne était orpheline depuis six mois. Le père Martin avait veillé sur sa fille jusqu'à son dernier soupir, aussi Suzanne était-elle restée sage. Maritana l'avait rencontrée plusieurs fois en allant rendre son ouvrage, et peu à peu elle s'était liée avec la jeune ouvrière à qui elle avait voué une affection toute maternelle, quoiqu'elle n'eût que quelques années de plus qu'elle.

Suzanne manquait complétement d'éducation première. Elle savait à peine lire et écrire; mais elle avait de l'esprit naturel, un cœur naïf et bon, et la comtesse, voyant cette ravissante jeune fille sans parents, sans amis, sans soutiens en ce monde, n'avait point hésité à la bien accueillir.

Quelques rares visites avaient été faites par le père Martin et Suzanne à Guduel et à Maritana.

Pendant les moments qu'ils passaient ensemble, la jeune comtesse causait raison et conseillait Suzanne; Guduel prêtait une oreille attentive aux récits des campagnes de l'Empire que lui faisait le père Martin.

C'était le dimanche que ces réunions avaient lieu. La soirée se passait doucement; les heures s'écoulaient vite, et le comte et sa fille accueillaient toujours avec plaisir le père Martin et Suzanne.

Un mois s'écoula sans qu'ils vinssent une seule fois chez Guduel; un matin Suzanne entra chez le comte, avec des habits de deuil. Le père Martin était mort en bénissant sa fille.

Depuis cette époque les visites de celle-ci étaient devenues plus fréquentes ; chaque jour elle venait travailler avec Maritana ; mais la maladie du comte avait forcé Suzanne à venir plus rarement rue de la Victoire.

Il y avait dix jours environ que l'orpheline n'avait vu Maritana qu'au magasin, lorsqu'elle frappa chez elle.

Suzanne Martin, nous l'avons dit, était blonde. Elle avait de grands yeux bleu-clair, limpides et sereins, une petite bouche aux lèvres purpurines, meublée d'une double rangée de petites dents blanches. Son nez à la Roxelane donnait à sa physionomie un air mutin qui lui allait à ravir, et tout son visage un peu pâle, mais d'une pâleur mitigée par une légère couche d'incarnat étendue au haut des pommes de ses joues, était encadré par une chevelure opulente et d'un blond cendré.

Malgré cela, Suzanne, depuis la mort de son père, avait pris un air douloureux et pénible qui lui avait valu, de la part de ses compagnes d'atelier, le sobriquet de *Souffrance*.

Quel nom pour une jeune fille de dix-huit ans, belle à ravir, dans toute la force de ses charmes et de sa beauté, alors qu'elle ne devrait connaître que les pensées douces et charmantes, que les joies de la vie, que ses illusions, que ses bonheurs!

*Souffrance!*

Ce mot disait tout pour l'orpheline : ses privations, sa douleur filiale, son travail constant, son isolement, sa pauvreté.

Rien ne rapproche comme le malheur; c'est le germe des amitiés franches.

Maritana et *Souffrance* s'étaient étroitement liées; pourtant Suzanne ne tutoyait pas la comtesse et l'appelait mademoiselle, tandis que la fille de Guduel traitait l'ouvrière avec une familiarité toute maternelle.

— Tu as apporté ton ouvrage, Suzanne? dit Maritana en revenant.

— Non, mademoiselle, répondit la jeune fille.

— Pourquoi cela?

— Je ne viens pas pour travailler; je viens d'abord pour vous voir et savoir des nouvelles de M. Martos, ensuite pour vous demander un conseil.

— Un conseil?

— Me le refuserez-vous?

— Tu plaisantes... parle.

— Hélas? ce que j'ai à vous confier est bien difficile à dire. Je dis que je viens vous demander un conseil et ce n'est pas tout à fait cela : le conseil je me le suis donné : c'est la force de le suivre que je viens puiser dans votre cœur.

— Tu m'effrayes, Suzanne, explique-toi.

— Mademoiselle Maritana, hier soir mon pauvre père a dû prier le bon Dieu pour moi ; car s'il avait encore été sur la terre et s'il avait pu deviner mes pensées, il m'aurait tuée peut-être, et il aurait bien fait ; j'avais des idées, ah ! voyez-vous, des idées qui font maudire et tuer les enfants par leur père, quand ce père est un honnête homme.

— Est-ce bien toi que j'entends, Suzanne ?

— Non, ce n'est plus Suzanne, c'est *Souffrance* qui vous parle, mademoiselle Maritana, mais *Souffrance,* à bout de forces et de courage ; j'ai douté un instant, on m'a fait entrevoir une vie nouvelle de bonheur, de luxe, de joies continuelles, et j'ai failli l'accepter.

— Que s'est-il donc passé, mon enfant ?

— Il y a huit jours j'ai reçu une lettre.

— Une lettre ?

— Oui, une lettre. Oh ! je sais bien que je n'aurais pas dû la lire, mais je suis femme, c'est-à-dire curieuse. C'est le peu que je sais qui a causé tout le mal. On ne devrait pas apprendre à lire l'écriture à des filles comme moi. Enfin j'ai lu.

— Après.

— Cette lettre était... Mais ne me grondez pas

trop, mademoiselle Maritana... Cette lettre était... d'un jeune homme. Oh! elle ne renfermait rien de mauvais, au contraire, elle contenait même de bonnes et douces paroles; aussi, quoique n'ayant pas voulu y répondre, je la relus vingt fois le lendemain. Dam! mademoiselle Maritana, je ne me suis jamais sentie aimée que par mon père et par vous; cela me faisait plaisir d'inspirer de la sympathie à quelqu'un.

— Poursuis, poursuis, chère enfant?

— Cette lettre m'avait été remise par un commissionnaire; le surlendemain je reçus un bouquet, mais il me fut porté par un beau domestique en livrée, à qui j'ai dit : « monsieur, » tellement était grand mon trouble.

— Je viens, me dit-il, de la part de la personne qui vous a écrit avant-hier ; mon maître m'a chargé de vous remettre ces fleurs, et de vous dire que votre silence lui fait beaucoup de peine.

— Je pris le bouquet, je n'osai rien dire à ce laquais si bien vêtu; c'est bête, n'est-ce pas, mais ç'a été plus fort que moi. J'étais si heureuse du reste d'avoir des fleurs. En plaçant le bouquet dans ma carafe, je découvris une seconde lettre qui se trouvait enfouie sous les violettes, je la lus aussi. Le jeune homme me reprochait mon silence et le traitait de cruauté. Il terminait par des choses dont je n'ai pas bien compris le sens, mais dans lesquelles il traitait la destinée de marâtre envers moi, et m'annonçait qu'il voulait corriger ses erreurs.

Trois jours de suite le domestique revint avec un bouquet et trois jours de suite le bouquet contenait une lettre. Je ne lus point la dernière; la seconde était si brûlante, si passionnée, elle avait troublé à un tel point mon esprit et mon cœur que le soir où je la déchiffrais, je m'endormis en oubliant d'embrasser le portrait de mon père.

En m'éveillant après une nuit fiévreuse, le lendemain, mes yeux tombèrent sur son image vénérée, et je pleurai bien longtemps. Pendant deux jours le domestique ne revint pas, et je crus que, lassé par mon silence, celui qui m'écrivait avait renoncé à moi pour toujours.

C'est une confession que je vous fais, mademoiselle Maritana, et je dois tout vous dire.

— Ma pauvre Suzanne, ne me cache rien, parle comme si j'étais ta mère.

— Ma mère, pauvre femme! je ne l'ai jamais connue; elle est morte que j'avais deux ans. Ah! voyez-vous, mademoiselle, il y a des moments où l'on pense à tout cela. Pour ne vous rien cacher, ne voyant plus venir ni bouquets ni lettres, cela m'attrista. Je ne regrettais pas celui qui me les envoyait, mais les moments de distraction qu'il me procurait. C'est si triste, la vie toute seule ! Il m'arrive parfois de compter les miettes de pain que je laisse sur ma table ; quand je ne puis plus tenir mon aiguille à force de fatigue, je ne sais que faire pour passer le temps.

Je n'osais pas venir ici, sachant M. Martos malade, de crainte de vous déranger, et malgré moi des idées mauvaises pénétraient dans ma tête.

Hier on frappa chez moi, il était cinq heures et demie ; je crus que c'était la concierge qui vient parfois causer avec moi le soir ; j'allai ouvrir.

C'était un jeune homme ; je voulus appeler, mais il prévint mon intention.

— Ne craignez rien, mademoiselle, me dit-il, c'est un ami, c'est un frère qui vient à vous.

Je le regardai muette d'étonnement et son air me fit sourire malgré moi. Vous ne savez pas cela, vous, mademoiselle Maritana, parce que vous n'allez jamais au spectacle ; mais moi j'y suis allée quelquefois avec mon père. Eh bien ! ce jeune homme avait une de ces têtes que n'ont que ces messieurs élégants qui viennent avec des dames dont les robes font tant de tapage, dans les grandes loges des théâtres des boulevards. Je l'examinai malgré moi avec curiosité : sa raie au milieu du front lui faisait une coiffure dans le genre de celle que j'avais, il y a quatre ans, l'été, lorsqu'on m'a coupé les cheveux. Il avait de grands favoris qui retombaient de chaque côté de son visage jusqu'à la hauteur de son gilet, et un grand verre rond dans l'œil. Il faisait très-froid, vous le savez, et il grelottait de tous ses membres.

— J'ai été si gaie jadis quand j'avais encore mon père, que parfois je retrouve un éclat de rire. Malgré moi, l'aspect de ce jeune homme me mit en gaîté, j'éclatai. Il profita de cet accès joyeux pour fermer la porte et entrer chez moi. J'avais du feu par hasard ; il s'approcha de la cheminée et son aspect était si drôle, il avait tant l'air d'être transi que je n'eus point le courage de lui défendre de se chauffer un instant. Au bout d'un moment il me dit que c'était lui qui m'avait écrit, qu'il ne concevait rien à ma façon d'agir, qu'il m'aimait, puis, oh ! j'ai voulu le forcer à partir, mais inutilement... puis il me fit des propositions telles que tout mon sang me monta au visage. Voyant l'effet qu'il avait produit, il s'excusa, me demanda pardon, mais avec des mots charmants que je n'avais jamais entendus. Oh ! il parlait très-bien ! et il finit par quelques phrases qui m'émurent au dernier point. Il me fit entrevoir une vie nouvelle dont j'ignorais l'existence, une richesse dont je niais la possibilité, des succès, des hommages, des fêtes qui doivent être le paradis sur terre. Je regardais malgré moi ma petite chambre; je songeais, sans le vouloir, au maigre dîner que je venais de faire... je l'écoutai enfin.

J'allais lui répondre, non pas favorablement, mais du moins de façon à lui laisser quelque espoir, lorsque mes yeux tombèrent sur le portrait de mon père. Je ne sais si c'est parce que je sentais que je faisais mal, mais jamais la vue de cette image vénérée ne me produisit une telle impression. Il me sembla que les yeux de mon père s'animaient; sévères d'abord, ils prirent bientôt un air de tristesse navrante, et je vis... je crus voir des larmes s'en échapper.

Je n'hésitai plus : Du ciel il veille encore sur moi, me disais-je, et je forçai le jeune homme à partir. Dès qu'il fut sorti, j'ouvris le tiroir de ma commode, je pris la croix d'honneur de mon père, mon seul bijou, mademoiselle, et je l'embrassai en priant Dieu et en remerciant celui qui venait de me donner le courage dont j'avais tant besoin.

— Pauvre enfant!

— Dites : malheureuse, mademoiselle Maritana, car ce matin, malgré tous mes efforts, je n'ai pu chasser de mon esprit ces pensées d'existence facile et fortunée que ce jeune homme m'a fait entrevoir; c'est pour cela que, surmontant mes craintes d'être importune en venant ici, je suis accourue pour vous dire : Sauvez-moi du danger, sauvez-moi de moi-même ?

— Suzanne, tu as bien fait, répondit Maritana ; mais mon affection sera-t-elle assez forte pour te préserver ?

— Oh! mademoiselle... puisque je viens à vous !

— Tu tâches de lutter, ma pauvre Suzanne !

— Si vous ne m'abandonnez pas, mademoiselle Maritana, je saurai tout oublier, je vous le jure.

— Ecoute, Suzanne, je n'ai qu'un conseil à te donner. Appelle à toi Dieu et ton père ; si la religion n'est point assez forte, si le souvenir du brave et loyal soldat qui t'a élevée n'est point assez puissant, si enfin tu sens que tes forces s'épuisent, que tes bonnes résolutions disparaissent, que tu glisses vers l'abîme... c'est un crime que je vais te conseiller, mais il est moins grand que celui que tu accomplirais... tue-toi ; je te parle en mère.

— Oui, vous avez raison. La mort sauve, elle vaut mieux que le déshonneur ; on m'appelait *Souffrance* pendant ma vie, on me nommera peut-être *Félicité* quand je ne serai plus ! C'est égal, ce jeune homme ne peut se douter du mal qu'il m'a fait, même si ma vertu l'emporte ! Je suis pauvre, bien pauvre, mon existence est bien triste, bien pénible : si je tombais malade, je n'aurais qu'une ressource, l'hôpital! Je suis seule, sans lien aucun; ce qui peut m'arriver de plus heureux est de ne point tomber malade à force de privations, et de pouvoir vivre péniblement du fruit de mon travail; mais j'avais accepté tout cela, je ne croyais rien d'autre possible pour moi... et ce jeune homme m'a fait entrevoir des joies que je ne soupçonnais point!... Ah! c'est le mauvais ange qui l'a mis sur ma route... Que Dieu ne m'abandonne pas!

— Courage! espère et prie. Dis-moi tout, comme tu viens de le faire; mes conseils et mon amitié ne te manqueront jamais.

— Merci et adieu, reprit Suzanne en embrassant la jeune comtesse, ou plutôt à bientôt. Je vais travailler; travailler, c'est prier, n'est-ce pas? en priant je n'aurai plus de mauvaises idées.

— Adieu, Suzanne, viens le plus souvent possible, fit Maritana; en ce moment surtout tu as plus que jamais besoin de te rappeler tes amis.

La jeune comtesse embrassa *Souffrance* avec effusion, et celle-ci sortit en tâchant de lui sourire.

— Et n'être pas riche pour sauver cette enfant, se dit Maritana lorsqu'elle fut seule. Oh! je déplore doublement notre misère à présent!

# V

Méphistophélès en campagne.

Quelques heures après que Suzanne eut quitté la maison de la rue de la Victoire, le phaéton de Gaston d'Arteville s'y arrêta, et le viveur, après en être descendu, pénétra dans la loge du concierge.

Ce dernier, reconnaissant en lui le jeune homme qui la veille lui avait donné vingt francs, l'accueillit, le sourire sur les lèvres.

Gaston, qui connaissait la manière de procéder, mit deux louis dans la main du portier, en lui disant :

— Me reconnaissez-vous ?

— Parfaitement, monsieur, parfaitement, répondit le concierge en glissant les deux pièces d'or dans sa poche; j'ai bonne mémoire, ajouta-t-il.

— Êtes-vous adroit?

— Euh! euh!... cela dépend.

— Voilà ce dont il s'agit. Vous m'avez donné hier soir des renseignements sur la jeune fille qui habite au sixième de cette maison.

— Mademoiselle Martos.

— Précisément. Ces renseignements m'ont engagé à lui écrire.

— Ah! ah!

— Voici une lettre que vous lui remettrez vous-même, poursuivit Gaston. A six heures, je viendrai chercher la réponse; si elle est favorable, il y a cinq louis pour vous.

— Mais, monsieur... c'est trop vraiment.

— Je vous le répète, cinq louis pour vous; ainsi agissez adroitement, je reviendrai à six heures.

— C'est entendu, monsieur sera content.

Gaston partit, et s'en alla promener au bois de Boulogne ses chevaux et les deux domestiques qui l'accompagnaient.

M. Célestin, le portier, après le départ de d'Arteville, se mit à réfléchir profondément.

— Ce jeune homme est amoureux, c'est sûr, se dit-il; il n'y a que les amants pour être aussi généreux que lui. Cette lettre est donc une déclaration, une demande de rendez-vous. La remettre est

facile, mais obtenir une réponse me semble être chose
tout au moins fort chanceuse. Mademoiselle Martos
est sage... oh! pour ça je m'y connais... Que faire?

Tout en se livrant à cet *à parte,* M. Célestin regardait la lettre qu'il tenait à la main.

Cette lettre était renfermée dans une enveloppe
jaune pâle, sur laquelle un cachet armorié, sur-
monté d'une couronne comtale, avait gravé, dans
de la cire verte parfumée, son aristocratique empreinte.

Fort perplexe, M. Célestin alla consulter sa
femme, et un long conciliabule eut lieu entre les
deux époux.

— Tu es un niais, dit madame Célestin à son
mari, et je ne conçois pas ton embarras. La petite
a beau être une mijaurée, ne la tenons-nous pas?

— Comment cela?

— Laisse-moi donc t'expliquer tout et ne m'in-
terromps pas. Mademoiselle Martos ne t'a-t-elle pas
prié de cajoler M. Bertrand, afin de lui faire prendre patience?

— Oui.

— Eh bien, alors c'est simple comme bonjour.
Fais-lui adroitement entendre que tu ne parleras
en sa faveur au propriétaire que si elle répond à ce
billet... Cinq louis, sais-tu que c'est une somme!

— Je crois bien, tu as raison, nous aurons nos

cent francs. C'est égal, je crois que j'aurai de la peine.

— Tu es un nigaud, elle n'osera rien te refuser. Veux-tu que j'y aille, moi?

— Non, répondit M. Célestin, c'est inutile; d'ailleurs je suis trop galant, Zoé, pour te faire gravir cent vingt marches, je vais y monter moi-même.

M. Célestin quitta sa loge, et quelques minutes après il entrait chez Guduel.

— Ah! c'est vous, monsieur, lui dit Maritana, avez-vous vu M. Bertrand?

— Mon Dieu! pas encore, mademoiselle. Je suis allé chez lui, mais il n'y était pas.

— Qui vous amène alors?

— Mademoiselle, c'est une commission que l'on vient de me faire pour vous.

— Une commission?

— Oui... une lettre.

— Une lettre... pour moi? vous vous trompez sans doute?

— Oh! non, elle est bien pour vous; la voici, et l'adresse porte bien ces mots : *Mademoiselle Martos, rue de la Victoire.*

— Donnez.

— Voici.

Maritana, fort intriguée, prit la lettre, rompit la cire et lut les lignes suivantes que Gaston lui adressait au nom du comte d'Erclange :

« Mademoiselle,

» Je ne suis pas un de ces hommes qui croient pouvoir blesser une femme en leur disant leur amour. La femme à qui l'on dit : Je t'aime! peut ne point répondre au doux sentiment qu'elle a inspiré; elle peut même le dédaigner; mais jamais elle ne doit s'en formaliser, car cet aveu est un joyau de plus qu'elle peut enchasser avec orgueil au divin diadème qui la fait belle.

» Je suis jeune et riche, mon cœur et ma fortune vous appartiennent; je vous les offre; un mot, et je suis à vos pieds.

» RODOLPHE. »

Cette lettre cavalière révolta Maritana.

— Quelle audace! se dit-elle, ou plutôt quel outrage!

— Eh bien, mademoiselle Martos, fit le père Célestin ?

— Quoi, qu'attendez-vous ?

— La réponse.

— Il n'y en a pas.

En prononçant ces mots, la jeune femme déchira la lettre et en jeta les morceaux dans la cheminée.

— Hum! fit à part M. Célestin, il paraît que ce jeune homme en a trop dit pour la première fois.

7

Diable ! diable ! ça ne marche pas du tout... Mais mes cinq louis... je ne veux pas perdre l'occasion de les gagner pourtant.

Maritana releva les yeux en ce moment, et voyant M. Célestin dans la même attitude et ne se disposant pas à quitter la place, elle lui dit de nouveau :

— Eh bien, qu'attendez-vous donc, monsieur ?

— Mon Dieu, mademoiselle, répondit le portier en cherchant ses mots ; certainement je conçois que la première fois... et puis... les jeunes gens, c'est tout feu... tout flamme ; pourtant la sévérité...

— Je ne vous comprends pas, fit la comtesse avec hauteur en interrompant M. Célestin.

— Je m'explique mal, sans doute, mademoiselle, reprit le concierge ; pourtant, permettez-moi de vous donner un conseil.

— Un conseil... à moi !

Maritana accompagna ces mots d'un ironique sourire.

— Un conseil tout dans votre intérêt, croyez-le bien, reprit Célestin. Je suis un vieux de la vieille, moi, j'ai l'expérience de bien des choses ; notre métier nous rend pénétrants... Je me doute de ce que renfermait cette lettre... que vous venez de déchirer...

— Ah ! vraiment !

— Oui, je parierais mon cordon qu'elle parlait d'amour.

— Que vous importe

— Vous allez le savoir. J'ai vu la personne qui vous a écrit : c'est un charmant jeune homme, je vous assure. Vous avez déchiré sa lettre... vous refusez de lui répondre le moindre petit mot... C'est peut-être bien cruel à vous.

— M. Célestin, je ne reçois de conseils que de mon père... Tenez-vous le pour dit, répondit Maritana ; mais pardon, ajouta-t-elle, il faut que je retourne près de lui ; votre présence ici n'est plus utile. Adieu.

Sur ce mot, Maritana rentra dans la chambre du comte, laissant M. Célestin, qui tournait sa casquette graisseuse dans ses doigts, consterné de son insuccès.

— Au diable la bégueule, s'écria le portier resté seul. Voilà mes cinq louis dans l'eau. Après ça, tout n'est peut-être pas encore perdu, elle réfléchira la petite ; somme toute, ça sent la misère ici... elle réfléchira. L'important est de faire patienter ce jeune homme. Oui, c'est cela, j'en tirerai plus peut-être de cette façon que si j'obtenais instantanément de mademoiselle Martos la réponse qu'il sollicite.

En se consolant de la sorte de son échec, M. Célestin regagna sa loge.

— Eh bien ? lui dit sa femme.

— Rien !

— Comment... tu as échoué.

— Non... pas complétement du moins... j'ai réfléchi.

Voyant que madame Célestin allait s'emporter, le portier prévint l'orage en faisant de suite part à sa femme de la résolution qu'il avait prise afin de mener à bien sa mission. Cette nouvelle manière d'envisager la chose ne déplut pas à madame Célestin qui finit par approuver complétement son époux.

— Au fait, tu as peut-être raison, lui dit-elle, en allant doucement, nous réussirons mieux ; et il faudra bien que le galant nous paye en raison des difficultés.

— C'est cela même.

— Viens m'embrasser pour cette bonne pensée, dit madame Célestin en tendant son front dénudé aux lèvres sèches et violacées de son digne mari.

A six heures, Gaston d'Arteville revint ainsi qu'il l'avait annoncé.

— Avez-vous ma réponse ? dit-il à Célestin en pénétrant dans la loge.

— Ah ! monsieur est pressé.

— Je suis pressé pour cent francs, je vous l'ai dit.

— Je suis vraiment désolé de ne pouvoir encore vous satisfaire, monsieur.

— Ah! fit Gaston d'un air légèrement désappointé.

— Oh! rien n'est perdu, rassurez-vous, se hâta de reprendre le portier; seulement, ajouta-t-il, je suis tombé dans un mauvais moment. Vous savez que le papa est malade, il avait une crise lorsque je suis monté là-haut; j'ai remis votre lettre, mais mademoiselle n'a pu me répondre. J'attendrai qu'elle se décide, car quel que soit mon désir d'obliger monsieur dans cette circonstance, il doit comprendre que je ne puis pas ne faire que monter au sixième... et...

— Je saurai récompenser vos peines, n'en doutez pas, reprit Gaston en interrompant la phrase du portier dont il avait compris toute l'insinuante portée; mais, quoique généreux, je ne suis pas naïf. Ce sera donnant donnant; je vois que les cinq louis que je vous ai promis sont insuffisants; vous auriez dû me le dire.

— Oh! monsieur peut-il penser...

— Laissez-moi achever. Voici ma carte; dès que vous aurez la réponse de cette jeune fille, venez me l'apporter, je ne sors jamais avant deux heures; mais il me faut une réponse écrite... et comme je ne veux pas vous faire monter les six étages de votre maison, aussi souvent que vous présumez devoir le faire, sans vous en tenir compte, dès que vous m'aurez remis la réponse en question, je vous donnerai non pas cinq, mais dix louis... Si j'étais sorti quand vous viendrez, mon valet de chambre aurait ordre de vous les compter. Ces conditions vous conviennent-elles ?

— Monsieur peut-il le demander... Seulement...

— Vous voudriez bien un petit à-compte d'avance, n'est-ce pas ?

— Dam ! monsieur, tout est fort cher, et nos profits ne sont pas lourds.

— Eh bien ! non, monsieur?...

— Célestin, monsieur.

— Eh bien ! non, M. Célestin, je n'achète point chat en poche ; c'est tout ou rien. Ah ! encore un mot, si je n'ai pas de réponse dans quatre jours au plus tard, il ne m'en faut plus. Je n'aime pas à attendre, même en amour. Je compte donc sur votre promptitude et votre zèle. Adieu.

— Monsieur, j'ai bien l'honneur, répondit Célestin, en accompagnant Gaston jusque sur le seuil de la porte cochère, en lui faisant force salutations.

Lorsque la voiture de d'Arteville se fut éloignée :

— C'est un malin, se dit le portier ; mais je m'y connais, il doit tenir ses promesses. Ah! j'aurai cette réponse ou j'y perdrai mon nom. Allons faire part à ma femme de la tournure que les choses prennent.

Tout en allant vers madame Célestin, son digne époux regarda la carte que venait de lui donner Gaston, sur laquelle il lut ces mots gravés sous une couronne comtale :

RODOLPHE D'ERCLANGE,

**Rue d'Aumale.**

— Oui, oui, murmura le portier, je ne m'étais pas trompé, c'est de la haute ! Allons, le gain de ces deux cents francs ne dépend plus que de mademoiselle Martos... je les aurai !

Toute la soirée M. Célestin et sa femme se creusèrent la cervelle afin de trouver un moyen infaillible pour décider Maritana. Tantôt l'espérance les faisait rayonner de joie, et madame Célestin se voyait déjà revêtue du tartan rayé qu'elle projetait d'acheter si l'affaire réussissait ; tantôt, au contraire, le doute s'emparait de leur esprit et ils cherchaient déjà de quelle façon ils feraient payer cher à Maritana ce qu'ils appelaient son incompréhensible bêtise.

Madame Célestin finit un long discours par cette phrase :

— Eh bien ! écoute, si cette petite mijaurée ne cède pas à tes instances, — tu sais que M. Bertrand, tout bon qu'il est, ne plaisante pas avec les gens de mauvaise foi, — tu lui diras que le Martos est un filou qui a de l'argent et qui ne paye point par malhonnêteté ; de cette façon, si les deux cents francs nous échappent, la petite et son père sauront pourquoi ; car M. Bertrand, outré, fera vraisemblablement coffrer le bonhomme.

— Euh!... c'est peut-être bien dur, ce que tu dis là... le pauvre homme est malade...

— Eh bien! sa fille devrait comprendre cela, et ne pas faire tant la difficile ; a-t-on jamais vu ces meurt de faim qui font des manières. Il faut bien que tout le monde vive, après tout ; si elle nous empêche de gagner cette somme, je ne sais pourquoi nous devrions les ménager. D'ailleurs je veux mon tartan.

— Tu l'auras, bichette, tu l'auras. La nuit porte conseil, je suis sûr d'avance que dès demain mademoiselle Martos ne sera plus si revêche.

En quittant la rue de la Victoire, le phaéton de Gaston croisa le dog-cart de Durouget au coin de la Chaussée-d'Antin et de la rue Saint-Lazare.

Durouget, en apercevant d'Arteville, passa les guides à son groom et descendit tendre la main à son ami, en lui disant :

— Bonjour, cher, vous venez du bois ?

— Oui.

— Eh bien !

— J'ai vu peu de monde : Olympe, de Chambly, Cora ; quant à Délia, je ne l'ai pas aperçue.

— Et pour cause, elle n'y va plus ; de trois à six heures son Russe va bâiller chez elle. A propos, et votre pari ?

— Il tient plus que jamais ; je poursuis activement la chose au nom de d'Erclange.

— Ce cher comte, est-il superbe !

— Six mois le formeront complétement.

— Qu'en avez-vous fait aujourd'hui ?

— Rien, il est allé faire des visites à des parents qu'il a là-bas, dans le faubourg. Et vous, mon bon, votre blonde ?

— Elle soupera bientôt avec nous.

— Vraiment ?

— C'est indubitable ; c'est la plus jolie fille qui soit au monde.

— O bandeau de l'Amour !

— Non pas, très-cher, je fais comme les gens qui portent des lunettes, je les relève et je regarde par dessous. Vous jugerez vous-même bientôt, car je n'ai pas l'intention de mettre en cage ma nouvelle conquête.

— Si je réussis, comme je l'espère de mon côté, c'est-à-dire si je gagne les deux cents louis à Rodolphe, nous donnerons un souper monstre.

— Et Finet pourra faire une comédie détestable de plus, intitulée : *Rodolphe ou le viveur malgré lui.*

— Ah ! ah ! ah !

— Vous verra-t-on aujourd'hui?

— Sans doute.

— Viendrez-vous au cercle?

— Probablement... après l'Opéra.

— Dans ce cas, à ce soir.

— Encore un mot. D'où diable ! venez-vous de ce côté, Durouget?

— De la rue d'Amsterdam, mon ami.

— Ah !

— Oui ; c'est là qu'habite la blonde de mes rêves.

— Parfait; mais vous avez l'air bien triomphant. Cela marche donc ?

— Au gré de tous mes désirs; oui, mon cher, fit le gros garçon d'un air fat.

— Heureux mortel ! Adieu.

— Au revoir.

Durouget remonta dans son dog-cart et Gaston poursuivit son chemin.

Lorsque d'Arteville rentra, Rodolphe l'attendait pour dîner.

— Eh bien ! mon cher Méphistophélès, dit-il à Gaston, êtes-vous satisfait de vos démarches?

— A ce point, mon cher Faust, que je vous engage fortement à entr'ouvrir déjà votre escarcelle.

— Ne vous pressez pas, mon cher diable, vous avez huit jours, répliqua Rodolphe avec un léger ton d'ironie.

— Tiens, vois-tu, mon cher ami, reprit Gaston, avec des idées comme les tiennes, tu aurais dû rester à Erclange et y couronner des rosières jusqu'à ce que mort s'ensuive.

— Dans sept jours, je te répondrai. Dînons-nous?

— A l'instant.

Gaston se leva et pressa le bouton d'un timbre ; son valet de chambre parut.

— Louis, faites servir?

— Monsieur peut passer dans la salle à manger, tout est prêt.

— Viens, Rodolphe.

— Je te suis.

Les deux amis se mirent à table; mais il ne fut plus question de Maritana; Rodolphe raconta à Gaston l'emploi de sa journée, d'Arteville fit à d'Erclange la nomenclature des habituées du bois, et à huit heures ils allèrent ensemble à l'Opéra, où Gaston s'endormit profondément dans sa stalle.

# VI

**La vengeance de M. Célestin.**

Le lendemain, qui était un samedi, Guduel se trouvant beaucoup mieux, Maritana sortit pour aller rue d'Amsterdam rendre son ouvrage de la semaine.

En la voyant passer devant sa loge, sans châle par le froid intense qu'il faisait, M. Célestin l'appela.

— Mademoiselle Martos, pardon... un mot, je vous prie.

— Quoi? monsieur Célestin.

— Sortez-vous pour longtemps?... Si je vous demande cela, c'est pour savoir que répondre s'il vient quelqu'un pour vous.

— Je serai de retour dans une heure. Ah! avez-vous vu M. Bertrand?

— Je le verrai aujourd'hui même, je vous le promets, mademoiselle. Mais, pardon, ajouta le père Célestin, vous êtes bien légèrement vêtue par le temps qu'il fait, c'est imprudent.

— Oh! cela ne fait rien, j'ai oublié mon châle là-haut.

— Mais vous ne pouvez sortir ainsi vêtue.

— J'irai vite.

— Je ne le souffrirai pas... Zoé! Zoé! cria M. Célestin à sa femme.

— Quoi, demanda la portière du fond de la loge.

— Donne donc ton châle vert; mademoiselle Martos a oublié le sien, prête-lui celui-là pour une heure.

— Oh! monsieur, ce n'est pas la peine, fit Maritana.

— Laissez donc, je ne veux point vous laisser remonter là-haut; et, sortant sans châle, vous risqueriez fort de tomber aussi malade que votre père.

— Certainement, mademoiselle, ajouta Zoé en mettant le châle sur les épaules de la comtesse, malgré la légère résistance que celle-ci lui opposa. Voici; prenez.

— Puisque vous le voulez absolument, merci, madame.

Maritana sortit et se dirigea vers la rue d'Amsterdam. En quittant le magasin où on lui donnait du travail, Maritana, fort soucieuse depuis les confidences que Suzanne lui avait faites, passa à la demeure de la jeune fille, mais elle ne la trouva pas.

— Mademoiselle Martin est sortie depuis ce matin, lui répondit le portier de la maison qu'habitait la jeune ouvrière.

— Si elle rentre, dites-lui qu'on l'attend rue de la Victoire ?

— Bien, ça sera fait, répliqua le portier.

Maritana, toute préoccupée de l'absence de Suzanne, regagna sa demeure et rentra chez son père sans songer à remettre, en passant, le châle que madame Célestin lui avait prêté.

Le portier et Zoé avaient arrêté de commun accord qu'avant de recourir aux menaces il fallait user de tous les moyens de douceur possibles; c'est pourquoi ils s'étaient montrés si bienveillants envers la fille de Guduel.

Dès que madame Célestin eut aperçu Maritana remontant chez elle, elle dit à son mari :

— Tu vas aller là-haut, n'est-ce pas?

— Oui, tantôt.

— Pourquoi pas tout de suite, tu n'as pas de temps à perdre. Je suis sortie ce matin, j'ai marchandé plusieurs tartans. Il y en a un de quarante francs qui m'irait à ravir ; songe que si dans

une heure tu pouvais avoir la réponse de M. d'Erclange, je pourrais acheter mon tartan aujourd'hui.

— C'est juste, j'y vas. Garde la loge et tout en
surveillant le vestibule, ne laisse pas brûler ma
soupe.

— Sois donc tranquille.

— Mais, dis donc, madame Célestin, qu'est-ce que
je vas lui dire en entrant?

— Nigaud, n'a-t-elle pas mon châle; puis porte-
lui la carte de ce jeune homme.

— C'est juste; je vais te descendre le bon de deux
cents francs dans dix minutes.

— Bonne chance! et souviens-toi de mes recommandations.

— Sois sans crainte, elles sont là, répondit le portier en se frappant le front.

En entendant cogner à sa porte, Maritana crut
que c'était Suzanne, aussi se hâta-t-elle d'aller
ouvrir.

— Ce n'est que moi, mademoiselle Martos, dit le
père Célestin en pénétrant dans l'appartement;
c'est pour le châle de Zoé que vous avez oublié de
déposer chez nous en passant tout à l'heure.

— C'est vrai, excusez-moi, monsieur, j'étais fort
distraite; tenez, le voici, remerciez de ma part votre
femme, et ne m'en veuillez pas de vous avoir fait
monter.

— Vous en vouloir, moi : ah! mademoiselle, ne savez-vous donc pas tout l'intérêt que Zoé et moi nous vous portons, à vous et à M. Martos?

— Je vous en remercie, monsieur Célestin.

— A propos, voici une carte de visite pour vous, continua le portier en remettant à Maritana la carte de Rodolphe.

— Je ne connais pas cette personne, dit la comtesse après avoir lu.

— C'est celle qui vous a écrit.

— Eh bien?

— Ce jeune homme vient de revenir et m'a chargé de vous supplier de vouloir bien lui répondre.

— Vous ne lui avez donc pas dit la façon dont j'ai accueilli sa lettre?

— Dam! mademoiselle, je n'ai pas osé, il a l'air si bon, si charmant, si poli... il tient tant à ce que vous lui écriviez un mot, un tout petit mot seulement... que pour rien au monde je ne lui aurais dit que vous étiez décidée à ne pas le lui adresser.

— Vous avez eu tort, monsieur Célestin.

— Permettez-moi de penser le contraire, mademoiselle Martos; c'est dans votre intérêt que je vous dis cela. Dans votre position, ne m'en veuillez pas si je vous en parle; mais dans votre position, il me semble que vous devriez réfléchir... Ce jeune homme est très comme il faut, il est riche, fort riche, je connais mon monde; eh bien! on ne sait pas ce qui peut arriver. Mon épouse partage complétement mon avis là-dessus, et...

— Vous prêchez-là bien inutilement, monsieur. Si ce jeune homme revient, dites-lui que ses démarches ne lui serviront de rien. Voilà mon dernier mot.

— Votre dernier mot?

— Oui, monsieur Célestin.

— Comment voulez-vous qu'on s'occupe de vous, si vous êtes aussi revêche?....

— Que dites-vous?

— C'est bien simple : vous m'avez chargé de voir M. Bertrand, je le veux bien, mais s'il me demande mon avis, ce qu'il ne manquera pas certainement de faire, comme j'assumerai une responsabilité morale en vous appuyant, moi qui sais que vous repoussez ceux qui s'intéressent à votre sort, je ne pourrai jamais l'encourager à vous accorder du temps.

— Je n'ai besoin de l'aide de personne pour m'acquitter envers M. Bertrand; dès que mon père sera rétabli, notre travail suffira.

— Ouais dà, répondit le portier d'un ton aigre, mais votre père peut rester encore six mois au lit et le propriétaire ne peut pas convertir sa maison en hôpital.

— Est-ce bien à moi que vous parlez ainsi?

— Certainement, à qui donc voulez-vous que ce soit? J'ai fait espérer à ce jeune homme que vous lui écririez, je tiens à tenir mes engagements, moi.

— Combien vous a-t-il promis pour cela?

— Rien, mademoiselle, s'écria le portier furieux de ce que la comtesse eût deviné le cupide motif qui le faisait agir. — Rien, répéta-t-il. Je ne parle pas dans mon intérêt, mais dans le vôtre et dans celui du propriétaire.

— Vous êtes trop bon pour moi, monsieur; quant à M. Bertrand, cela doit lui importer peu.

— On ne peut faire crédit qu'aux gens raisonnables; c'est élémentaire cela. Du moment où vous agissez d'une manière inconsidérée, je ne me ferai pas votre complice pour tromper un brave homme comme M. Bertrand. A-t-on jamais vu!

— Je vous prie de vous rappeler que vous êtes chez moi, monsieur Célestin, et je vous défends de me parler comme vous le faites.

— Ne faudrait-il pas mettre des gants pour vous dire ce qu'on pense? On vous veut du bien et vous vous fâchez! Voici mon dernier mot, mademoiselle Martos : si vous désirez que j'intercède pour vous, descendez-moi la réponse avant une heure, ou sinon... Je ne vous dis que ça.

— C'en est trop, fit Maritana, pâle de colère et de honte, sortez, monsieur, je vous l'ordonne.

— C'est bon, on s'en va, mais, ma petite, vous aurez de mes nouvelles.

Sur cette menace, M. Célestin, dans un état de fureur indescriptible, descendit en maugréant jusqu'à sa loge.

— Eh bien, as-tu la lettre de mademoiselle Martos? lui dit sa femme.

— Mademoiselle Martos est une canaille! et nos deux cents francs sont perdus! s'écria le portier hors de lui.

— Je me doutais bien que tu ferais quelque maladresse.

— Allons, bon! c'est de ma faute à présent!

— Sans doute, tu dois t'y être mal pris. Si je n'ai pas mon tartan, j'en ferai une maladie... Tu es un incapable!

— Zoé! n'oubliez pas le respect...

— Oui, un incapable... Poule mouillée, va, ajouta la portière; ça veut faire le malin, et c'est bête à manger du foin.

— Vous m'injuriez, madame Célestin!

—Je vous traite comme vous le méritez, Nicodème.

— Madame! vos expressions...

— Crétin! imbécile!

— Ah! mais je vais t'apprendre à vivre... tiens!

Et s'avançant vers Zoé, M. Célestin leva la main; mais avant qu'il eût eu le temps de la baisser pour corriger sa chère moitié, Madame Célestin, saisissant la marmite dans laquelle se trouvait la soupe du portier, lui en lança le contenu au visage, en s'écriant :

— Ah! tu veux frapper une femme et tu te dis Français... Attrape!...

M. Célestin, inondé des pieds à la tête, poussa un hurlement épouvantable, et Zoé profita de son émoi pour ouvrir la porte de la loge et sortir de la maison en courant.

— Oh! je la tuerai, je la tuerai, la peste! s'écria Célestin; deux cents francs dans l'eau, et mon gilet, mon pantalon, perdus par la graisse, et tout cela à cause de cette petite pécore. Si je ne me venge pas comme je l'entends, j'en ferai une maladie! Mettons d'autres habits et allons trouver M. Bertrand!...

Afin d'exécuter immédiatement ce projet, M. Célestin changea de costume à la hâte, et après s'être lavé le visage, il sortit d'un pas rapide, abandonnant sa loge, tout en maudissant Zoé et surtout Maritana.

M. Bertrand, le propriétaire de la maison de la rue de la Victoire, dont la garde était confiée aux époux Célestin, habitait la rue Chaptal.

M. Bertrand avait fait fortune à la Bourse; seulement, plus sage que les joueurs ordinaires, il n'avait point voulu confier au hasard l'argent que le hasard lui avait donné. Ce n'était pas un mé-

chant homme, mais cependant il était fort tenace,
et la crainte de perdre un sou le rendait féroce.

Nous allons voir comment M. Célestin, qui le
connaissait à fond, exploita au profit de sa vengeance les idées de M. Bertrand sur le *doit* et sur
l'*avoir*.

Ayant dit au domestique qui le reçut qu'il s'agissait d'une chose grave, M. Célestin fut introduit
de suite près de celui dont il possédait la confiance.

— Qui vous amène, Célestin? demanda M. Bertrand au portier.

— Monsieur, répondit celui-ci, j'accours afin de
vous faire part de mes craintes au sujet de l'argent
que vous doit le locataire du sixième.

— Cet Espagnol?

— Oui, l'Espagnol, M. Martos.

— Mais n'est-il pas malade?

— Comédie que tout cela, c'est un filou capable
de faire le mort plutôt que de vous payer.

— Expliquez-vous, Célestin ?

— Voilà la chose, monsieur. Ce matin M. Martos
a reçu une lettre chargée ; la voyant arriver, je suis
monté pour lui demander de vous payer les cinq
mois d'arriéré qu'il vous doit, ou tout au moins de
vous donner un à-compte. C'est sa fille qui m'a reçu
— en voilà encore une comédienne, — elle m'a fort
mal accueilli ; puis voyant que c'était sérieux, elle

s'est mise à pleurer comme un saule, me jurant par tous les saints du paradis que ni elle ni son père ne possèdent un centime. J'ai examiné l'appartement : ces gens-là n'ont pas de quoi répondre de dix francs, ils cachent même leurs vêtements, et si vous ne prenez pas une prompte et rigoureuse mesure, un beau jour ils lèveront le pied et vous en serez pour votre argent. De plus, c'est malpropre au possible chez eux, ils ont tout abîmé, les rideaux sont en lambeaux, les chaises cassées, et ça sent l'eau-de-vie à vous griser, rien qu'en y entrant.

— C'est la première fois que vous me faites un rapport semblable sur ce locataire, Célestin, et moi-même je n'ai rien vu chez eux qui...

— Ah ! monsieur, je sais que c'est un peu tard ; je les croyais comme vous d'honnêtes gens, mais depuis hier, j'en ai appris de belles. Ils doivent à tout le quartier ; la fille fait semblant de travailler pour cacher l'ignoble métier qu'elle exerce ; quant au père, il joue le malade pour tromper ses créanciers. Je m'y connais, ce sont deux aventuriers qui méditent un coup, et j'ai cru de mon devoir de venir au plus tôt vous avertir de ce qui se passe, car je ne voudrais pour rien au monde que vous pussiez croire que je néglige vos intérêts. Si ce Martos et sa fille étaient vraiment dignes de pitié, j'aurais été le premier à intercéder pour eux auprès de vous, afin que vous consentiez à leur accorder du temps; mais, je vous l'affirme, ces gens-là c'est du bois pour la correctionnelle.

—Vous avez bien fait de me dire la vérité, Célestin, reprit M. Bertrand, et puisqu'il en est ainsi, je vais prendre un parti.

— Il n'y en a qu'un de praticable, d'après moi, monsieur.

— Et lequel?

— C'est de faire mettre ce Martos à Clichy, le plus tôt possible.

— J'y pensais, fit M. Bertrand.

— Il n'ira pas jusque là-haut, car il a de l'argent, c'est certain; mais vous serez payé, et après le père et la fille pourront aller se faire pendre ailleurs!

En ce moment, le domestique qui avait fait entrer M. Célestin dans le cabinet du propriétaire y pénétra.

— Monsieur!

— Qu'y a-t-il, Joseph?

— C'est une jeune fille qui demande à parler à monsieur.

— Son nom?

— Mademoiselle Martos.

En entendant prononcer le nom de sa victime, M. Célestin devint livide; mais maîtrisant son trouble, il eut assez de présence d'esprit pour s'écrier:

— Ne la recevez pas, monsieur. Après la verte

façon dont je lui ai parlé ce matin, elle vient sans doute chercher à vous attendrir par des pleurs, mais je vous préviens que c'est une intrigante et, du reste, je ne vous ai dit que la vérité.

— Je n'ai pas besoin des larmes factices de cette créature, répondit M. Bertrand. Joseph, ajouta-t-il en s'adressant au domestique, dites à cette jeune fille que je ne puis la recevoir, et que du reste ses visites sont complétement inutiles.

Joseph sortit et renvoya Maritana, qui quitta la demeure de M. Bertrand, la mort dans l'âme.

— Célestin, reprit le propriétaire, après la sortie de Joseph, savez-vous où demeure M. Valentin, le garde du commerce?

— Oui, monsieur.

— Eh bien! je vais vous donner un mot pour lui, ainsi que les quittances impayées; vous irez les lui porter. Ce Martos étant étranger, une simple requête suffira. Recommandez à M. Valentin d'agir avec promptitude.

— Reposez-vous en sur moi, monsieur, dans une heure votre commission sera faite.

— M. Bertrand remit les papiers et la lettre au portier, et celui-ci sortit rayonnant en se disant :

— Ah! tu fais la prude et tu m'empêches d'acheter le tartan de Zoé; eh bien! mon bijou, nous allons rire!

# VII

**Chasseurs et chassés.**

De toutes les immortelles et philosophiques
créations de Gavarni, qui composent la série qu'il
a intitulée : CLICHY, la plus remarquable est celle
qu'il appelle : *Le premier quart d'heure des cinq ans.*

C'est la plus triste et la plus vraie ; on y sent
bien la prison, le verrou implacable, l'acharnement
de l'incarcérateur ; la peine, les inquiétudes, les
angoisses de l'incarcéré. C'est Clichy tel qu'il est,
et non le Clichy de convention généralement ad-
mis par ceux qui, heureusement pour eux, ne le
connaissent pas.

De grands auteurs ont approfondi la question de
la contrainte par corps, et tous ont été unanimes

à blâmer cette mesure empreinte de la barbarie d'un autre âge, que le progrès civilisateur ne peut manquer d'anéantir un jour complétement.

Nous ne développerons pas cette thèse, ce livre étant une histoire et non un plaidoyer.

Clichy est généralement regardé comme un lieu de délices ou tout au moins comme un lieu d'asile où la jeunesse prodigue nargue la destinée et ses créanciers. Quelques romans, soi-disant de mœurs, et plusieurs vaudevilles ont accrédité cette opinion.

Rien pourtant n'est moins vrai.

Clichy peut être une épée de Damoclès que le créancier fait bien parfois de suspendre sur la tête du débiteur récalcitrant, mais Clichy une fois ouvert, ou plutôt fermé sur lui, n'est plus qu'une torture inutile et sans effet.

L'incarcéré qui ne paye pas dans les huit jours qui suivent son entrée dans la maison d'arrêt pour dettes, ne paye jamais. De plus, l'extrémité de l'arrestation n'est employée que par l'usure; les maisons sérieuses n'en font point usage; le commerce, qui seul devrait s'en servir, la repousse ou la dédaigne.

En général, les incarcérateurs sont des exploiteurs de tendresse qui ne cherchent qu'à forcer la main aux amis et aux parents de ceux sur qui tombe leur rigueur.

C'est Shylock ne se contentant plus de la livre de chair, mais exigeant le corps entier.

Parfois aussi la contrainte par corps nous ramène aux beaux jours de la Bastille galante; on a vu l'amant d'une femme tenir son mari à Clichy, pour se débarrasser momentanément d'un rival ayant d'incontestables droits.

Sur les cent-soixante détenus que renferme en moyenne la maison d'arrêt pour dettes, il n'y a pas dix commerçants véritables. Les étrangers forment la moitié de cette population d'opprimés, les jeunes fous le reste.

En outre le négociant incarcéré peut, en se mettant en faillite, s'ouvrir les grilles de la prison, et, dans ce cas, le temps de sa détention ne dépasse pas six semaines. Clichy n'est donc point utile au véritable et sérieux commerce qui opère au grand jour et par conséquent la question de la contrainte par corps est plus que discutable.

Malgré sa réputation de gaieté et de folie, Clichy est une vraie prison. Un règlement sévère y ordonne la vie des captifs. Les boissons y sont mesurées au litre, et nul détenu ne peut en avoir plus d'un par jour. Le lever et le coucher y sont réglés comme en un collége. Les instruments de musique ne s'y obtiennent que difficilement. Les mères, sœurs et femmes des détenus ont seules l'accès de l'intérieur des cellules ; enfin les liqueurs et le champagne n'y pénètrent pas.

Puis, on ne se figure pas l'isolement qui se fait, aussitôt après l'incarcération, autour de celui qui en est victime, et cet isolement puise sa source, non-seulement dans l'égoïsme et l'oubli de ceux sur lesquels il croit pouvoir compter, mais encore dans les mesures prises par la préfecture de police, afin de régler l'entrée et la sortie des visiteurs des détenus de la maison d'arrêt pour dettes.

Avant le règlement en vigueur aujourd'hui, il suffisait de donner son nom au greffe de Clichy pour être introduit; mais à présent, ainsi que pour Mazas, Saint-Lazare, Sainte-Pélagie, toutes les prisons du département de la Seine, il faut, pour qu'un visiteur pénètre dans l'intérieur, d'abord une demande de l'incarcéré, puis le visa de la préfecture, et la grille ne s'ouvre que de dix à trois heures en hiver et de dix à cinq en été.

Il faut vraiment n'avoir rien du tout à faire pour pouvoir trouver un moment à donner à un prisonnier.

Les parents, les vrais amis, et vous savez qu'ils se comptent toujours facilement ceux-là, passent, il est vrai, par toutes les exigences du règlement; mais les autres, dont la présence aussi raffermirait le courage de l'opprimé, reculent devant l'étape de la préfecture, et remettant, de jour en jour, la légalisation du permis de visite, finissent par oublier le malheureux qui le leur a envoyé.

On prive ainsi l'insolvable de toute distraction, de toute consolation, en un mot on fait de Clichy une peine, tandis que d'après la plus équitable des lois, celle du talion, Clichy ne devrait être qu'un préjudice.

Malgré cependant la difficulté de pénétrer dans Clichy, ordinairement pendant les premiers huit jours de détention, quelques amis, les uns par simple curiosité, les autres afin d'avoir le droit de faire de la philanthropie gratuite, en disant sur le boulevard : « Ce pauvre *un tel*, vous ne savez pas ? il est à Clichy, » — viennent apporter au détenu quelques consolations banales, puis le temps s'écoule ; les semaines se transforment en mois, les curieux sont satisfaits, les philanthropes ont suffisamment fait la roue, et leurs visites cessent.

Vous avez disparu, vous êtes oublié.

Clichy, c'est la tombe du vivant !

Un homme à la mer... une grille qui se dresse... un verrou qu'on pousse, et tout est dit !

Vous n'appartenez désormais plus au monde : un numéro remplace votre nom ; vous êtes pauvre et malheureux, l'indifférence vous enveloppe et l'oubli étend sur vous son implacable et épais linceul.

L'activité s'envole, le courage s'éteint, les facultés s'épuisent, la monotonie d'une vie dont tous les jours sont les mêmes et qui s'écoule dans un espace restreint, vous hébète, les heures grandissent, les jours sont des siècles, les nuits deviennent interminables, et ce que nul ne peut tenter si vous n'êtes point criminel ou fou, souvent parce qu'il a manqué de patience, toujours parce qu'il manque de compassion, un homme qui s'appelle votre créancier le fait : il vous prend votre liberté, vous n'êtes plus rien que son gage.

Cette torture de chaque heure, de chaque minute, ne satisfait pas pourtant votre bourreau. La peine qu'il vous inflige bénévolement ne vous libère point. Lorsque arrive le jour où Clichy vous rend moralement anéanti à la bataille de la vie, vous devez toujours, et, après vous avoir emprisonné quelquefois pendant trois années de trois cent soixante-cinq jours, qui ont chacun vingt-quatre heures qui contiennent chacune soixante minutes plus longues que des semaines de liberté, votre incarcérateur a encore le droit de vous saisir vos vêtements et de les faire vendre à son profit, jusqu'à ce que le parfait payement de votre dette soit accompli.

C'est ce qu'il fait ordinairement pour rentrer dans son capital ou ses déboursés. Pourtant la rigueur qu'il a exercée contre vous ne lui a pas coûté bien cher, un franc par jour, — la pension d'un chien chez un vétérinaire !

L'homme qui n'a rien à lui, et qui par conséquent est incapable de payer, celui qui par cela même devrait être rendu à la vie, c'est-à-dire au travail, est exposé à mourir de faim dans Clichy (1).

De plus, la loi qui offre au pauvre la suprême ressource de l'assistance judiciaire, ou de l'avocat d'office, livre le débiteur complétement à ses propres ressources. Un procès, une simple requête pourraient souvent le rendre au monde, à sa femme, à ses enfants, que son inactivité forcée plonge dans la plus horrible misère, mais l'argent lui manque, l'homme d'affaires se méfie de lui, l'avocat lui fait défaut, il faut qu'il reste en prison.

Clichy est une bonne leçon, disent certaines gens, mais on n'inflige de leçons qu'aux enfants coupables, et si les fils de famille en ont parfois besoin, le père a d'autres moyens de coercition.

Les fripons appartiennent à la police correction-

(1) Dans les premiers jours du mois de mars dernier, un malheureux détenu a été trouvé mourant d'inanition dans sa cellule.

Sur le franc que verse le créancier, le débiteur ne reçoit que 80 centimes, et l'infortuné dont nous parlons était contraint de nourrir sa femme et son enfant, que son incarcération avait réduits à la misère la plus horrible.

nelle ; les fous ont leur place marquée à Charenton, les dupés et les malheureux ont droit à l'appui et à la protection de la société et des lois.

Qu'on abolisse donc Clichy, ce sépulcre de l'insolvable, et qu'on donne au débiteur les moyens de payer son trop rigide créancier, sans que celui-ci puisse l'enfermer dans une boîte, comme un bijou mis au mont-de-piété.

Plusieurs pays, notamment la Belgique, ont modifié énormément la loi de la contrainte par corps, ou restreint de beaucoup ses rigueurs. La France, cette reine du monde par son intelligence, sa fougue pour les idées nobles et généreuses, ne peut tarder à biffer de son code cette page inique qui traite de l'incarcération.

Elle a déjà fait un pas vers ce résultat ; les deux derniers gardes du commerce qui sont morts n'ont pas été remplacés.

Le garde du commerce a ses recors comme le bourreau a ses valets. Dans le langage familier, ces messieurs s'appellent des *chiens ;* le mot est juste, puisqu'ils font la chasse à l'homme.

Les recors se divisent en deux catégories : les coucheurs ou dépisteurs, et ceux qui n'apparaissent qu'au suprême moment. Les gardes du commerce ont leur chambre comme les agents de change, mais les recors n'ont que leur marchand de vins.

Pénétrons dans ce lieu le soir même de la visite de M. Célestin à M. Bertrand.

Il est six heures : l'arrière-boutique est éclairée faiblement par une lampe à l'huile suspendue au plafond ; des tables de bois et des chaises de paille composent l'ameublement. Un homme d'une quarantaine d'années, coiffé d'une casquette dont le dessus est garni de toile cirée, savoure avec délices une gibelotte, qu'il arrose abondamment par des rasades d'un bleu des plus foncés.

En ce moment deux individus, également en casquette, pénètrent dans la salle et s'attablent à côté du premier arrivé.

Ces trois hommes appartiennent à l'honorable corporation des recors ; leur métier est de poursuivre leurs semblables : ils font la *chasse* à l'homme, non pas aux nègres, mais *aux blancs*.

— Eh bien ! Rougeot, vous finissez seulement? dit l'homme attablé à l'un des deux arrivants.

— Ne m'en parle pas, Loustalou, trois arrestations aujourd'hui ; tu lèves trop.

— Dam ! mon petit, chacun son affaire ; il faut bien que tout le monde vive.

— C'est juste, répondit Loustalou.

— Ah ! nous faisons un joli métier, mes amours.

— Parbleu, nous faisons un métier de *chiens*.

— Tu ris toujours, toi ; si tu crois que c'est gai.

Je suis sur pied et Robert aussi, depuis cinq heures du matin.

— C'est vrai, dit le troisième recors, que son camarade venait d'appeler Robert. Nous n'avons eu affaire qu'à des panés, pas un sou de pourboire. Si le patron continue à n'arrêter que des Auvergnats, je quitte la partie.

— Tu n'es jamais content; crois-tu donc que dans notre métier on gagne des mille et des cents?

— Eh! ma foi, non, mon vieux; mais il est six heures depuis longtemps; voilà treize heures que nous trimons, et nous n'avons pas encore eu le temps de casser la moindre croûte.

— Comment, on n'a donc pas déjeuné avec les *pincés?*

— Déjeuné! Ah! bien oui, je t'en souhaite, des Auvergnats, rien que des Auvergnats, et des scènes à vous tordre l'estomac comme une ficelle. On a beau ne pas avoir la larme facile, ça mord quand même ces choses-là.

— Que vous est-il arrivé?

— Imagine-toi, mon vieux, que ce matin nous arrêtons un pauvre diable rue du Chemin-Neuf, à Montmartre. Nous pénétrons dans un taudis à côté duquel je pourrais faire passer ma chambre pour le Louvre; nous trouvons notre homme, mais nous trouvons aussi sa femme et trois enfants. Ç'a été des pleurs, des cris... quelque chose d'affreux, vois-tu. La femme embrassait les genoux de M. Valentin en lui criant : Grâce. Le plus grand des marmots, une petite fille âgée de dix ans, blonde et jolie comme une petite Mariette, me saisit la main, et d'une voix douce comme mon menton un jour de barbe, quoique entrecoupée par des sanglots, elle me dit : « Oh! mon bon monsieur, ne faites pas de mal à papa!... » Cré nom! si j'avais été plus riche, je payais pour le père.

— Et alors?...

— Alors, dam! il a bien fallu que nous l'emmenions; sa femme l'a suivi jusqu'au greffe, et elle a dû rester à la prison jusqu'à quatre heures. Mais quelle scène! je ne l'oublierai de ma vie.

— Et ce n'est pas tout : te souviens-tu de notre course de l'autre soir? fit Robert.

— Quelle course?... demanda Rougeot.

— Tu vas le savoir; j'en ai encore la rate malade. Il y a trois jours, nous pinçons un particulier, et comme, après cinq heures de courses inutiles, il ne trouvait pas un sou, nous arrivons à la prison. Je descends et j'allais tenir la portière au moment où M. Valentin, qui était descendu le premier, levait le marteau de la porte, lorsque ma pipe tombe; je me baisse pour la ramasser, et, pendant que je fais ce mouvement, notre homme me passe presque sur le dos et prend sa course...

— Diable !

— Ce n'était pas drôle, le patron jurait comme un possédé. Je cours, mais le particulier avait de bonnes jambes et gagnait du terrain ; alors j'ai poussé le cri ordinaire, et un brave garçon boulanger qui passait lui lança son panier entre les jambes... Patatras... notre homme pique une tête... je mets la main dessus, Robert, qui m'avait suivi, arrive et nous menons de force et rudement, je te prie de le croire, le fuyard en prison.

— Mais qu'avais-tu crié ?

— J'avais crié : Au voleur !... Pardi !

— C'était le seul moyen.

— Il n'a pas raté. Eh bien ! crois-tu que le patron m'a traité de fainéant et qu'en rentrant je n'ai plus retrouvé ma pipe. Ah ! quel métier ! quel métier !

— Ah ! ce n'est plus comme du temps du père Lévias, fit en soupirant Loustalou.

— C'est vrai, ajouta mélancoliquement Robert ; c'était un fameux client pour M. Valentin ; il ne nous a jamais fait arrêter que des jeunes gens calés, lui. On déjeunait chez Philippe, et, qu'ils aillent ou n'aillent pas là-haut, il y avait toujours dix beaux francs de pourboire pour chacun de nous. T'en souviens-tu, Loustalou ?

— Si je m'en souviens, mon vieux, je crois bien ; mais aussi le père Lévias a été arrêté à son tour, et M. le procureur impérial l'a envoyé, pendant deux ans à Poissy, réfléchir sur le taux de l'intérêt légal. N'importe, c'était un fameux client !

Ce Lévias, dont la meute du garde du commerce Valentin se complaisait à faire le panégyrique, était un petit juif qui, sous les apparences d'un commerce sérieux de dentelles et de cachemires que dirigeait une créature digne de lui, qu'il faisait passer pour sa femme, prêtait à des taux usuraires aux jeunes prodigues qui s'adonnent exclusivement au perfectionnement de la race des biches.

L'huissier Cipon et le garde du commerce Valentin le regardaient comme la fine fleur de leur clientèle.

Lévias jouait du papier timbré et de l'arrestation, comme Sivory joue du violon et Rubenstein du piano. La lettre de change, sans laquelle il ne traitait jamais, était sa grande force. Voici, du reste, comment les choses se passaient :

Madame Lévias, l'œil en coulisse, la parole mielleuse, la joue couverte de fard et de poudre de riz, poussait l'acheteur et lui glissait adroitement soit des dentelles surannées, soit un cachemire vieux et teint, en les faisant passer pour neufs, chose crue facilement par le naïf acquéreur.

Ceci fait, le père Lévias paraissait, et après

10.

quelques paroles bien senties sur le devoir des gens
du monde de se venir parfois en aide, ainsi que sur
sa maison très-honorablement connue, à ce qu'il
prétendait, il ajoutait quelques billets de cent francs
à la marchandise qu'il vendait le quintuple de sa
valeur.

Cet argent était l'hameçon tendu par les époux
Lévias.

Par exemple, pour un prêt de six mille francs à
trois mois, ils forçaient l'emprunteur à leur prendre
pour treize ou quatorze mille francs de marchandises qui en valaient réellement deux ou trois mille.

Le client faisait une lettre de change pour le tout,
puis emportait les marchandises qu'il offrait à ces
*dames,* ou les revendait à vil prix. Dans ce dernier
cas, Lévias les rachetait sous main par l'entremise
de l'un de ses coreligionnaires dressé *ad hoc* par lui.

Dans cet antre du dol et de l'usure, le même
cachemire avait été vendu souvent deux et trois
fois au même individu.

A ce petit jeu badin, les époux Lévias, à l'aide
d'une couple de faillites faites à l'étranger, avaient
amassé cinq à six cent mille francs. Madame allait
au théâtre, donnait des raouts; monsieur causait
finances, industrie, se payait les teintures les plus
fameuses pour *ébéniser,* — qu'on nous passe le mot,
— une paire de favoris à l'anglaise qui s'obstinaient,

malgré tous les efforts de la chimie, à conserver au
soleil des reflets d'un roux délateur ; souriait d'un
air de complaisance ravie d'elle-même, en montrant
des dents qui n'étaient à lui que parce qu'il les avait
payées; faisait trôner sa face patibulaire à la montre
des photographes en renom; enfin, se carrait dans
sa honteuse opulence, tranchant de l'homme probe,
jouant au mieux le rôle du négociant intègre, et
poussant le cynisme et l'impudeur jusqu'à porter
sur sa poitrine le ruban d'un ordre étranger ; car si,
pour ne point paraître usurier, il se disait commer-
çant, pour ne point avoir l'air juif, il suspendait à
sa boutonnière la croix du Saint-Sépulcre de Jéru-
salem.

Mais un beau jour, — tout finit par une aurore
vengeresse, — l'un des écorchés par le digne homme
avait si fort crié au vol et à la fraude, que ses justes
plaintes étaient arrivées au parquet, qui s'empressa
d'envoyer le père Lévias à Poissy rejoindre les vo-
leurs à la tire et au bonjour, ses dignes acolytes (1).

C'est pourquoi Robert et Loustalou regrettaient
tant le père Lévias.

— A propos, dit tout à coup Rougeot, avez-vous
envoyé une lettre au petit baron ?

_______

(1) Je publierai incessamment une étude de mœurs intitulée :
*Lévias l'usurier.*

— Je suis allé la porter moi-même à la boîte, répondit Robert. Une enveloppe contenant un pain à cacheter, comme c'est convenu.

— En ce cas, nous pourrons y aller demain matin sans crainte, l'oiseau aura déniché et nous aurons chacun un louis.

— Oui, mon vieux. Le patron sera fumé ; tant pis pour lui...

Une chose étrange et que nous révélons, croyons-nous, pour la première fois, c'est la protection des recors pour certains débiteurs. Dès qu'un homme qui sait donner un louis à l'occasion a été arrêté une fois, il devient le favori des *chiens*. Désormais il est sous leur sauvegarde directe. Une nouvelle arrestation le menace-t-il, il est averti. De même que le lacet a une signification terrible à Constantinople, le pain à cacheter, dans une lettre, dit au débiteur : « Garez-vous, nous passerons chez vous ces jours-ci. »

De cette façon, les recors se font d'assez jolis bénéfices, et l'homme poursuivi a quelques jours de répit.

Le petit baron dont parlait Rougeot était un jeune fou qui récompensait largement les avertissements que lui donnaient les employés de M. Valentin, et celui-ci ne le trouvant pas à son domicile, en était quitte pour diriger ses hommes vers un autre but, tout en s'étonnant de ce qu'un gentilhomme se levât si souvent avant l'aurore.

— Mes enfants, reprit Loustalou, il vient d'arriver un nouveau dossier chez le patron tout à l'heure, mais la besogne sera facile, c'est un vieux qui ne sort pas, et son domicile est connu.

— Ce sera-t-il une affaire pour nous?

— Je ne sais pas encore. Demain, j'irai aux renseignements.

— J'ai bien peur que ce soit un pauvre diable. Décidément nous ne sommes pas en veine.

— Bah! cela reviendra; M. Mouginot a trois dossiers pour le moment...

— Ah! voilà ce que j'appelle un homme. Nous l'avons arrêté quarante-deux fois cette année (1), et il n'a jamais été que jusqu'au greffe. Il est fort.

— Très-fort, c'est ce que j'appelle un lapin.

— Et honnête, sa parole vaut un écrit.

— Le patron a beaucoup d'estime pour lui.

— Je crois bien. A preuve : dernièrement nous en avions emballé un, et nous étions en voiture rue Moncey. Il était midi. Tout à coup le patron, qui a de bons yeux, voit passer M. Mouginot. Il lui fait signe. Vous croyez que M. Mouginot fait semblant de ne pas le voir? Ah! bien oui : — « Vous m'arrê

_______________

(1) Historique.

tez, M. Valentin? qu'il dit au patron. — Hélas!
monsieur Mouginot. — Suffit, répondit celui-ci; de
quelle somme s'agit-il?

— Comment, il ne savait pas?

— Est-ce qu'il sait jamais, lui!

— C'est juste.

— Il s'agit de 1,800 fr. avec les frais, dont 700 fr.
de principal, répondit M. Valentin.

— Diable! répond M. Mouginot, 1,100 fr. de frais
pour 700 fr. dus, c'est roide; n'importe, ajouta-t-il,
je serai à cinq heures précises chez vous; je paierai
ou vous me mènerez *là-haut*. Le patron, qui le
connaît, le salua et le laissa partir.

— Et il est venu?

— A cinq heures moins cinq, mon petit. N'est-ce
pas, Robert?

— Oui, mon vieux, c'est exact.

— C'est superbe, ajouta Loustalou.

— A propos, vous savez la nouvelle, le vieux
Rassin, que nous avons arrêté il y a sept mois.

— Il est sorti?

— Oui, par la grande porte, les pieds en avant.

— Mort là-haut?

— Oui, son créancier n'a consenti à le laisser
sortir que lorsque le cimetière l'a réclamé.

— Pauvre homme! exclama Loustalou.

— Je te conseille de le plaindre, reprit Robert;

un vieux brigand qui nous a fait poser pendant quatre mois.

— Je crois bien, il errait dans la banlieue, se nourrissait de légumes qu'il volait dans les champs, tout ça pour ne pas tuer sa femme, qui serait morte, à ce qu'il disait, si on parvenait à le coffrer.

— Elle est morte, en effet, un mois après l'arrestation du père Rassin. Peut-être est-ce...

— De ça, allons donc, elle était étique.

— Sur ce, mes amours, dit Robert, qui avait achevé son repas, je rentre.

— Attends ; je sors avec toi, lui dit Rougeot ; j'ai quelqu'un à *coucher* (1) ce soir.

— Moi, je reste, dit Loustalou ; je vais fumer une pipe ici. Adieu mes enfants : toi Robert sois exact ; demain matin, le rendez-vous est pour six heures chez le patron.

— On y sera, répondit le recors.

Sur cette promesse, Robert sortit avec Rougeot et Loustalou alluma sa pipe.


(1) A surveiller, à suivre.

# VIII

Succès et revers.

Deux jours après ces événements, Durouget entra, vers quatre heures, chez Suzanne Martin. Le boursier était accompagné d'un commissionnaire portant un immense carton.

— C'est encore vous, monsieur, fit Suzanne en apercevant le gros garçon. Qu'est-ce que cela? ajouta-t-elle en montrant la boîte.

— Vous allez le savoir dans un instant, répondit Durouget qui, en prononçant ces mots, paya le porteur et le congédia.

Tout intriguée de ce qui se passait chez elle, *Souffrance* restait muette et suivait d'un œil inquiet les mouvements des trois personnages.

Au moment où, revenant de sa surprise, la jeune fille allait questionner de nouveau le boursier, celui-ci s'assit gravement au coin de la cheminée en disant :

— Ma chère enfant, veuillez m'écouter un instant, et cessez de me regarder comme si j'étais un aérolithe. J'ai à vous parler sérieusement, car j'espère ébranler un peu vos convictions sur certaines choses.

Suzanne fit un mouvement que Durouget prit pour un encouragement, et se carrant sur son siége, il commença ainsi :

— Suzanne, vous êtes belle comme les anges !

— Monsieur, fit *Souffrance*.

— Oh! laissez-moi poursuivre. Depuis que je vous ai vue, depuis le noble langage que vous m'avez tenu, alors que n'écoutant que mes sentiments j'avais fait auprès de vous fausse route, la sympathie qui m'attirait vers vous a fait place à une passion vive, ardente, irrésistible! Qui aime honore, dit-on ; aussi ne viens-je pas, comme je l'ai fait il y a quelques jours, mettre seulement à vos pieds mon cœur et ma fortune, mais c'est encore mon nom que je viens vous offrir.

— Votre nom, s'écria Suzanne; pourquoi plaisanter ainsi?

— Rien n'est plus sérieux, Suzanne; oui c'est

mon nom, je veux faire de vous ma femme; y consentirez-vous?

— Permettez-moi de ne point vous répondre; la surprise, l'émotion...

— Remettez-vous, mon enfant, ma proposition ne doit point vous surprendre : vous êtes la femme que j'ai rêvée, vous êtes chaste et pure, bonne et douée de tous les charmes; un seul obstacle nous sépare, la question d'argent, mais je suis assez riche pour deux, et, je vous le répète, si vous le voulez, dans deux mois vous serez ma femme. Cette boîte, qui semble vous intriguer fort depuis mon arrivée, c'est la corbeille que je vous apporte. Tenez, poursuivit le boursier en ouvrant la caisse, voici des cachemires, de la soie, des rubans, du velours, des dentelles... et ces bijoux, ces colliers, ces bracelets, ne les trouvez-vous pas de votre goût?

— Oh! que tout cela est beau! monsieur, s'écria *Souffrance*, qui jamais n'avait vu réunies tant de splendides parures.

— N'est-ce pas? poursuivit Durouget. Eh bien, tout cela est à vous; ces fleurs, ces diamants, ces chaînes, ces tissus légers vous appartiennent. Mais qu'avez-vous donc?

— Reprenez tout cela, monsieur; je ne conçois rien à ce qui vous fait agir de la sorte avec moi;

mais, franchement, je ne puis croire à la sincérité de vos paroles. Les messieurs comme vous n'épousent pas les filles comme moi. Faites emporter ce coffre; vous avez voulu me tenter.

— Enfant! répliqua Durouget avec un air de bonhomie capable de tromper une femme beaucoup plus expérimentée que Suzanne. Pourquoi ne pas me croire? N'avez-vous pas le plus divin des trésors de la femme: la vertu? N'êtes-vous point assez charmante pour inspirer un amour sans bornes? Ne suis-je pas indépendant, libre, et quand je viens vous parler comme un honnête homme parle à une fille honnête, pourquoi vous méfier de moi?

— Oh! je n'ose croire à vos paroles; pourtant vous avez l'air bon, et je ne sais pourquoi vous voudriez me tromper?

— Non, je ne voudrais pas vous tromper, Suzanne; je ne voudrais pas avoir à me reprocher un tel crime.

— Que vous êtes bon!

— Ne m'accablez point d'éloges, je ne les mérite pas. Ce que je fais est une chose naturelle et simple; si vous m'aimez aussi, nous serons heureux, Suzanne.

— Je ne sais que répondre; tout ce qui m'arrive est si étrange, si imprévu, que j'ai peine à croire que ce soit une réalité. Il me semble que je fais un songe! Oh! que mademoiselle Maritana va être heureuse!

— Maritana?

— Oui.

— Quelle est cette personne?

— Une jeune fille qui n'a que quelques années de plus que moi et qui, pourtant, m'aime comme une sœur, me guide et me protége comme une mère.

— Que fait-elle?

— Elle travaille, elle est pauvre, son père est malade, elle lutte. Oh! elle a du courage!

— Suzanne, je vais vous demander quelque chose; et, pour la première fois que je vous exprime un désir, j'espère que vous ne me refuserez point.

— Parlez, monsieur.

— Ne dites rien à mademoiselle Maritana de nos projets.

— Ah!

— Oui, j'ai des raisons particulières pour vous parler ainsi. Notre mariage se fera sans éclat et sans bruit. Je ne vous épouse pas pour les autres, mais pour moi, Suzanne; c'est de l'amour d'égoïste si vous voulez, mais c'est toujours de l'amour. Je désire donc que nul ne s'en doute; nous partirons

dès la célébration de la cérémonie ; nous irons
voyager pendant un an. Vous comprenez, Suzanne,
que, sans jamais avoir à craindre de rougir de
vous, il faut absolument nous mettre en garde
contre les railleries de certaines gens ; j'ai malheureusement vécu dans un monde où l'on fait des
gorges chaudes de tout ce qui n'entre pas dans ses
idées. Notre mariage lui paraîtrait, si je le pu-
bliais sans précaution, une chose complétement
anormale. Ce monde dont je vous parle ne con-
çoit pas qu'on épouse une fille sans dot, qui n'a
pour tout bien que ses charmes et sa vertu ; on
me raillerait tout en jalousant sans doute mon
bonheur, et, quel que soit mon dédain pour les
sarcasmes, je vous avoue que j'ai peur du ridicule.
Vous vous taisez, Suzanne, je le comprends ; mes
paroles doivent vous paraître bien étranges ; mais
vous les comprendrez un jour et vous pourrez en
apprécier alors toute la justesse. Soyez discrète,
laissez-moi faire, notre bonheur est à ce prix.

— Je ferai ce que vous voudrez, monsieur.

— Quittez ce ton cérémonieux, il me gêne et
m'afflige. Appelez-moi votre ami ; je suis le plus
sincère de tous ceux qui peuvent ambitionner ce
titre, et laissez-moi vous développer mon plan en
entier. Nous partirons donc, nous irons où vous
voudrez, en Espagne, en Italie, n'importe. Par-

tout, avec vous, je sens que je serai bien ; puis dans quelques mois nous reviendrons à Paris, je vous présenterai à mes amis, comme une cousine éloignée que je serai allé épouser en province, et, pour donner plus de vraisemblance à mon récit, j'ai forgé un petit roman que vous m'aiderez à mettre en scène.

— Mon Dieu ! je n'entends rien à ces choses-là, moi. Guidez-moi, j'agirai.

— Fort bien. Voici ce qu'il faudra faire. Demain à minuit soyez prête ; vous avez de quoi vous vêtir fort élégamment ; choisissez une parure simple et de bon goût, je viendrai vous prendre.

— A minuit !

— Oui. Ah ! je comprends, cela vous semble étrange que l'on sorte de chez soi à cette heure, mais sachez, mon enfant, que dans la sphère où vous allez vivre on ne se réunit jamais avant. Je viendrai vous prendre avec une dame.

— Où voulez-vous me conduire ?

— Je veux vous présenter à mes amis.

— Mais dans quel but ?

— Afin de vous faire passer pour ma cousine.

— Je ne comprends pas.

— Laissez-moi tout vous dire. Demain, une dame de mes amies donne un bal, un souper, je ne sais au juste. Je lui ai parlé de vous. Je lui ai dit que

vous sortiez du couvent et que j'allais vous reconduire à votre famille dans quelques jours. Par la
simple apparition que vous ferez chez elle demain,
nous préviendrons tous les commentaires qui naî-
traient sans cela, lorsque, étant mariés, je reviendrai avec vous du voyage que nous projetons.
Avez-vous saisi?

— Oui et non. N'importe, j'obéirai. Tout ce que
je sais, c'est que la démarche que vous voulez que
je fasse vous paraît nécessaire.

— Indispensable, Suzanne.

— En ce cas, à minuit, je serai prête.

— Merci, vous êtes un ange.

— Je tâche de reconnaître vos bontés pour moi.

— Un seul de vos regards m'en paye au cen-
tuple. Adieu. Demain matin, je vous enverrai une
couturière; commandez-lui ce qui vous manque,
afin d'être vous, d'être belle, et soyez prête à
minuit.

Durouget se leva, prit la main de Suzanne qu'il
baisa d'un air régence et sortit, laissant *Souffrance*
dans un état indescriptible de ravissement, d'étonnement, de doute et d'hésitation.

Arrivé sur l'escalier, le boursier se mit à fredon-
ner une fanfare de chasse tout en se disant:

— Victoire! ce sera la reine des biches! Ma foi,
ce que je fais là est peut-être léger, mais en amour

tout est de bonne guerre, et d'ailleurs, si ce n'était pas moi, ce serait un autre, et cet autre serait peut-être un rustre incapable d'apprécier ce trésor. Si elle pleure un peu, dans six mois elle me bénira. Je vais avoir la plus jolie maîtresse de tout Paris. Allons au club!

A l'heure où Durouget avait pénétré chez Suzanne, le docteur Sylvain était entré chez Guduel.

Il le trouva plus mal que jamais, et recommanda à Maritana de veiller près de lui.

La jeune comtesse s'y engagea, et ne put se décider à révéler encore au médecin la cruelle situation dans laquelle son père et elle se trouvaient.

Du reste, les craintes de Maritana s'étaient un peu calmées. M. Célestin n'avait point reparu. Il était froid, mais il ne semblait plus menaçant. Elle avait tenté de nouveau de voir M. Bertrand, et à sa troisième visite, il lui avait été répondu de revenir dans quelques jours.

Maritana espérait tout du répit qu'elle croyait qu'on lui avait accordé. Elle avait touché un peu d'argent au magasin, le comte ne manquait de rien ; elle travaillait avec courage, et n'eût été la maladie de son père qui, malgré la recommandation du docteur, ne lui inspirait aucune crainte sérieuse, rien ne serait venu troubler sa sérénité.

Guduel, toujours assoupi, était plongé dans ce

calme apparent qui trompe les personnes étrangères à la science médicale.

En quittant la rue de la Victoire, le docteur Sylvain se rendit au cercle.

Il y trouva Rodolphe et Gaston, ainsi que Finet, causant au milieu d'un groupe. Il s'approcha et entendit d'Arteville qui disait :

— Oui, monsieur, j'ai perdu.

— Allons donc ! s'écria Finet.

— C'est l'exacte vérité, reprit Gaston ; j'ai perdu ou du moins je perdrai sans doute.

— Marcherions-nous vers un cataclysme social ? ajouta sentencieusement Finet.

— Ça m'en a tout l'air, messieurs.

En disant ces mots, Gaston serra la main du docteur, ce que firent également les autres jeunes gens.

— Docteur, je suis doublement charmé de vous voir, dit Rodolphe à Sylvain.

— Et pourquoi, monsieur le comte ?

— Parce que vous avez été témoin du pari fait entre Gaston et moi l'autre soir, et que je ne suis pas fâché de vous apprendre que, quoique je me sois trouvé presque seul de mon opinion, d'Arteville doit déjà s'avouer pour ainsi dire vaincu. Ses premières tentatives ont complétement échoué.

— Je partage votre joie, monsieur d'Erclange,

répondit le médecin. La défaite de M. d'Arteville le rendra moins sceptique à l'avenir.

— Ah! vous voilà bien, s'écria Gaston. J'ai perdu sans doute, c'est vrai; mais qu'est-ce que cela prouve? C'est un manque de chance, et rien de plus. Rodolphe a eu la main heureuse; mais je suis tout prêt à recommencer la même partie avec qui voudra prendre les cartes d'Erclange. Il n'y a pas deux femmes dans Paris comme celle sur laquelle il a mis la main, je le soutiens encore, et l'épreuve, loin de me sembler décisive, ne fait qu'augmenter mes convictions; cette jeune fille est une exception et, vous le savez comme moi, l'exception confirme la règle.

— Crois-moi, Gaston, reprit Rodolphe, restons-en là. Je finirais par te ruiner.

— Oh! les illusions! les illusions! Tu es superbe, vois-tu, mon cher Rodolphe. Tu raisonnes comme Amadis.

— Et toi comme Méphistophélès. J'aime mieux être le preux que le diable.

— Il y aurait une belle comédie à faire sur le pour et le contre de vos théories, messieurs, remarqua Finet.

— C'est vrai; tu la feras et je la signerai, pas vrai?

Celui qui parlait ainsi était Durouget, qui venait d'entrer.

Finet, en apercevant son antagoniste ordinaire, se redressa sur ses petites jambes et répondit d'un air de dédain :

— Cher ami, je ne collabore qu'avec des hommes de lettres.

— En ce cas, je t'enverrai mon facteur.

— Durouget, tu n'es drôle qu'à table.

— Tu me flattes, puisqu'en moyenne j'y suis huit heures par jour.

— Cela ne fait pas ton éloge : les grands hommes n'y restent que cinq minutes.

— Pour dîner c'est vrai, mais moi je soupe.

— Trève à vos escarmouches, messieurs, dit Gaston en s'interposant entre le boursier et l'homme de lettres ; causons de choses sérieuses. Je tiens par principe à régler promptement mes comptes. Je dois ou je devrai bientôt deux cents louis à Rodolphe ; demain, j'espère que vous m'aiderez tous à m'acquitter en partie en acceptant à souper.

— Très-bien.

— Parfait !

— C'est dit.

— Pardon, d'Arteville, dit Durouget, vous avez donc perdu.

— Oui, mon cher, insuccès complet; c'est pourquoi je vous invite tous à souper chez moi pour demain soir.

— J'accepte, d'autant mieux que je vous offrirai une éclatante revanche.

— Comment?

— Vous savez mon placement à fonds perdus ?

— Oui.

— Eh bien ! la chose est faite ou à peu près.

— A merveille, cette nouvelle me ravit. Ainsi donc, messieurs, ajouta Gaston en s'adressant à ses amis, à demain soir, chez moi, n'y manquez pas ; je me charge des invitations féminines. Quant à vous, Durouget, vous allez me conter votre histoire tout en cartonnant ; car vous allez jouer, je présume?

— Certes.

— Et vous, Finet?

— Volontiers.

— Et toi, Caton? poursuivit Gaston en s'adressant au comte.

— Jamais, tu le sais, répondit d'Erclange.

— Alors, docteur, faites notre quatrième.

— Vous m'excuserez de ne point accepter, messieurs, mais vous trouverez facilement un complice, et il me semble que nous ne pouvons tous abandonner M. d'Erclange.

— Merci, docteur, répondit Rodolphe ; venez un peu causer pendant que le démon des cartes va s'emparer de ces messieurs.

Sur ces mots, Rodolphe entraîna Sylvain sur un divan, tandis que Finet, Gaston et Durouget s'attablaient avec un membre du cercle, nommé M. de Chambly, à une table de bouillotte.

Bien qu'il menât la vie à grandes guides, le docteur Sylvain, qui se conduisait ainsi pour flatter les goûts de sa clientèle dorée plus que les siens propres, avait dans le caractère un fond sérieux qui devait plaire infiniment à Rodolphe.

Quand deux hommes naturellement sympathiques se rencontrent, il ne leur faut que quelques instants pour s'apprécier et se comprendre.

Rodolphe et Sylvain se mirent donc à causer intimement; le point de départ de leur conversation fut le pari que d'Erclange était en train de gagner.

On parla vertu, misère tentée, et le comte, avide d'études morales, écoutait avec beaucoup d'intérêt les récits et les réflexions du médecin, que sa profession avait mis à même de recueillir sur ces sujets sérieux de nombreuses, de douloureuses connaissances.

Dans les divers cas que cita le docteur à Rodolphe, le hasard le conduisit à parler de Guduel et de sa fille. Ayant deviné leur misère, Sylvain confirma les convictions de d'Erclange, en lui citant le dévouement sublime de Maritana. Seulement, Rodolphe ne se douta point que celle dont on lui parlait était la jeune fille qu'il avait rencontrée rue de la Victoire, et Sylvain l'ignora comme lui.

Au bout de deux heures, les joueurs quittèrent la table de jeu et vinrent rejoindre d'Erclange et le médecin.

— Décidément la veine me poursuit, dit Gaston à Rodolphe. Ce Durouget a certainement de la corde de pendu dans son porte-monnaie ; tout lui réussit.

— En effet, dit en riant le gros garçon, j'en ai, de celle dont un coulissier ruiné par la baisse s'est servi pour se mettre à l'abri de la hausse... au plafond.

— Mourir n'est point payer.

— C'est une liquidation rare, mais qui se voit.

— Messieurs, interrompit Gaston, si j'ai éprouvé un échec, Durouget a remporté une victoire ; demain il nous présentera un ange blond, qu'il va faire tomber d'un sixième dans une calèche à huit ressorts.

— Vraiment, dit Finet.

— Oui, mon petit, fit le boursier, Plutus est toujours le plus puissant des dieux. Je vous instruirai demain de mes projets, dans lesquels Olympe, du moins j'y compte, m'aidera. J'aurai besoin de vous aussi, docteur.

— Que voulez-vous donc faire ?

— Oh ! presque rien, une plaisanterie. Allons, mon petit Finet, reconduis-moi ; je vais en route te donner des idées pour tes œuvres, et demain, messieurs, chez d'Arteville, je vous mènerai la plus jolie fille de Paris.

Tout cela n'avait point été entendu par Rodolphe resté à lire les journaux dans le fumoir. Durouget entraîna le vaudevilliste; Sylvain quitta le cercle; Rodolphe et Gaston, ce dernier maudissant sa déveine, regagnèrent la rue d'Aumale.

En rentrant chez lui, Dugouret écrivit un mot, joignit à sa lettre un billet de cinq cents francs, et donna ordre à son domestique de porter le tout à son adresse, dès sept heures le lendemain.

Cette lettre était adressée à une couturière lancée dans le monde-camélia, et dont Durouget avait plusieurs fois utilisé les talents persuasifs.

# IX



**La corbeille de Suzanne.**

Lorsque Suzanne se trouva seule, elle ne put résister à la tentation d'examiner tout ce que renfermait la corbeille que lui avait donnée le boursier.

Dentelles, étoffes de soie, bijoux, elle étala tout sur sa petite table, puis sur ses chaises, sur son lit, touchant et retouchant chaque objet pour se convaincre qu'ils étaient bien réels et ne s'envoleraient point en fumée aux premiers rayons du matin.

Suzanne, examinant tout, ajustant en vastes plis les étoffes le long de son corsage, éprouvait une jouissance étrange qui l'enivrait de plaisir.

— Eh quoi, se disait-elle, tout cela m'appartient. Ce n'est point un songe, toutes ces parures sont bien à moi, toutes ces robes, ces bijoux, ces perles, ce châle superbe, il m'a tout donné !

Suzanne dénoua ses cheveux ; sa soyeuse chévelure, qu'un modeste peigne de corne tenait captive, se déroula en flots blonds cendrés qui tombèrent jusqu'à ses genoux ; elle la peigna, refit soigneusement ses tresses, mit à ses oreilles des pendeloques de brillants, entoura son cou d'un collier de perles, et, s'enveloppant d'un cachemire superbe, se regarda longtemps dans la petite glace.

— Est-ce bien moi ? Oui... je suis belle ainsi.

Ayant fait cette réflexion, Suzanne se retourna brusquement ; il lui sembla entendre un ricanement ; elle eut peur et regarda le portrait du père Martin. Prise subitement d'un malaise étrange, elle ôta tour à tour bijoux et cachemire, et s'agenouilla devant l'image du vieillard.

Elle voulut prier, mais ce fut vainement.

— Je ne fais pourtant rien de mal, n'est-ce pas, mon père, dit-elle en s'adressant au portrait, comme si celui qu'il représentait eût été là pour l'entendre. Accepter d'un futur, d'un mari, c'est chose permise, et nul ne peut m'en blâmer. D'où vient donc que ma joie n'est point complète, d'où vient que j'hésite et que malgré moi, sûre de ne rien faire de répréhensible, je rougis comme si j'étais coupable. Tous les bonheurs m'arrivent et je suis plus inquiète que

12.

si je redoutais un affreux malheur. Pourquoi...
pourquoi... mon père?

En terminant cet appel à celui qui ne pouvait
plus veiller sur elle que par son souvenir, Suzanne
sentit de grosses larmes tomber de ses yeux; elle
voulut d'abord les retenir, mais, n'y pouvant réussir, elle s'abandonna complétement à la crise ner-
veuse qui s'empara d'elle, et finit par pleurer abondamment.

Cet accès ne dura que quelques minutes; Suzanne
retourna à la table, fit de nouveau scintiller les
pierreries à la lueur de la chandelle qui l'éclairait,
mais l'ombre que son corps agité projetait sur la
muraille lui fit peur; elle serra vivement tous les
présents de Durouget, se coucha à la hâte et éteignit
la lumière.

Son agitation redoubla: elle avait la fièvre; les
rayons de la lune, en pénétrant à travers sa croisée,
donnaient aux objets un aspect fantastique.

La corbeille, éclairée à moitié, prit à ses yeux
des proportions étranges, elle s'allongea, et Suzanne
se souleva en poussant un cri, car il lui sembla
qu'elle avait devant elle un cercueil.

Elle voulut chasser ces idées noires et, afin d'y
parvenir, elle se retourna du côté de la muraille et
se mit à songer à celui qu'elle appelait son fiancé.

Tout l'avenir de bonheur, de richesse, de joies

continuelles qu'elle avait entrevu pendant la visite du boursier lui parut être une impossibilité. Elle croyait cependant à son mariage, et remerciait le ciel d'avoir mis sur son chemin cet homme généreux et bon qui la prenait pour compagne; mais mille craintes venaient assaillir son cœur.

— Si un jour il se repentait d'avoir fait de moi sa femme. Je suis jolie, ou du moins il le trouve; mais un jour viendra où ma beauté à laquelle il sera accoutumé ne lui inspirera plus aucune pensée d'amour; je dois bien m'avouer que parfois, dans ce monde railleur dont il m'a parlé, mon manque de savoir pourra le faire rougir; alors, s'il se repent de m'avoir épousée... quel sera mon avenir? Que faire? Dois-je accepter? Ne vaudrait-il pas mieux pour moi, comme pour lui, que je refusasse ses offres généreuses? Mon Dieu! si je pouvais demander conseil à quelqu'un; mais c'est impossible, puisqu'il ne le veut pas. Puis, moi, l'aimerai-je comme on doit aimer son mari? Je me sens pour lui une reconnaissance sans bornes; sa conduite m'a inspiré les sentiments les plus sincères; pourtant je ne crois pas que ce soit de l'amour... Mais la misère... Oh! oui, que ce jour soit le dernier de mes privations et de mes peines... Je l'aimerai, car il m'aura sauvée du froid et de la faim... de la mort peut-être.

Toute la nuit s'écoula ainsi sans que Suzanne

put fermer un seul instant les yeux, l'insomnie ne la quitta pas jusqu'au jour; alors seulement, la fatigue l'emportant sur la fièvre, la jeune fille finit par s'assoupir.

Elle dormait depuis une heure à peine, lorsqu'on frappa à sa porte.

— Qui est là? demanda Suzanne en s'éveillant.

— C'est ici, chez mademoiselle Martin?

— Oui, que voulez-vous?

— C'est de la part de M. Durouget, le banquier.

— Fort bien, madame, répondit Suzanne qui venait de reconnaître une voix de femme, je vais vous ouvrir.

La jeune fille sauta de son lit, passa vivement son unique robe et introduisit la personne que lui envoyait le boursier.

C'était une femme de trente ans, forte en couleur, vêtue assez modestement, mais avec prétention. Ses vêtements dénotaient non pas la pauvreté, mais la décadence. Elle paraissait plus que son âge : un sourire bas et faux pinçait ses lèvres minces et décolorées. Elle parlait d'une voix mielleuse, levant son œil au ciel à chaqué instant, je dis son œil, car elle était borgne.

Cette femme était une lorette déchue; nous allons voir ce qu'elle venait faire chez Suzanne.

— Que voulez-vous, madame? dit la jeune fille à la nouvelle venue.

— Mademoiselle, je suis couturière.

— Ah! très-bien.

— M. Durouget m'a dit qu'il vous fallait une robe pour ce soir : je viens vous prendre mesure et chercher l'étoffe que vous avez choisie parmi celles que M. Durouget vous a envoyées hier.

— Bien, madame, la voici, répondit Suzanne en ouvrant la corbeille et en retirant un coupon de soie noire.

— Oh! s'écria la couturière, en apercevant le contenu de la corbeille, que c'est beau, mon Dieu! que c'est beau. Mais avez-vous vu tout cela, mademoiselle?

— Oui... à peu près, fit Suzanne, commettant ce petit mensonge afin de cacher à madame Godefroid (c'était le nom de la couturière) l'accès de coquetterie qui s'était emparé d'elle pendant la nuit.

— C'est miraculeux! poursuivit madame Godefroid; quelles belles étoffes, quels bijoux ravissants, quel cachemire superbe! C'est une corbeille de reine. Ah! je savais M. Durouget généreux, mais en cette circonstance il se conduit comme un nabab. Il y en a là pour vingt mille francs au moins. Ah! comme vous devez l'aimer; mais regardez donc?

Suzanne, un peu troublée de ce verbiage qui lui apprenait que la couturière était au fait de tout ce qui s'était passé, répondit avec distraction :

— Oui, oui, c'est très-beau.

— Dites superbe, magique, féerique ! Oh ! je m'y connais en fait de parures ! J'en ai eu aussi, d'aussi belles peut-être, et, sans une boulette de pain qui m'a crevé l'œil... Mais ne parlons pas de cela ; ce qui est fait est fait. Vous allez être belle à ravir dans ces atours ; cependant, si vous voulez bien me permettre de vous donner un conseil, ne mettez pas cette robe noire, je vois là un coupon mauve qui vous irait bien mieux.

— Non pas, je tiens à la robe noire.

— En ce cas, je la ferai, mademoiselle. C'est égal, M. Durouget serait, j'en suis sûre, plus content de vous voir en mauve. Je pourrais rehausser cela par les volants de dentelles blanches que voici ; je garnirais le tout en velours de même couleur que la robe, mais d'une nuance un peu plus foncée, et je fixerais des nœuds sur toute la jupe au moyen de petites boucles d'acier... Ce serait ravissant.

— C'est possible, mais je vous le répète, madame, je désire mettre la robe noire.

Si Suzanne tenait tant à son choix, c'est qu'il lui semblait qu'en revêtant la moins voyante de ses toilettes, elle rachetait un peu la joie qu'elle avait ressentie la veille en drapant les étoffes que renfermait la corbeille.

— Voulez-vous me permettre de vous prendre mesure? fit madame Godefroid.

— Volontiers, madame.

En répondant ainsi, Suzanne ôta sa robe, et ses blanches épaules, rondes et polies comme des billes d'ivoire, s'étalèrent luxueusement aux yeux de madame Godefroid.

— Ah! que vous êtes belle, s'écria la couturière. Quelles épaules, quels bras, je n'en ai jamais vu de semblables! M. Durouget est un heureux mortel.

Suzanne rougit.

— Que de grâces, que d'éclat, que de fraîcheur, continua la Godefroid; plus d'un millionnaire ouvrirait sa caisse au large pour voir, comme moi, tant de merveilles! Laissez-moi vous regarder encore!

— J'ai froid, dit Suzanne, en se hâtant de mettre sa robe pour échapper aux embarrassantes exclamations de la couturière.

— Vous êtes belle à rendre fou un saint.

— Vous vous moquez, madame.

— Non, ma petite... non, mademoiselle, fit en se reprenant vivement la mégère qui venait de s'oublier un instant. Ces dames vont vous jalouser joliment!

— Quelles dames ?

— Les parentes de M. Durouget ; c'est maigre et couvert de fard ; vous verrez ça vous-même ce soir. De mon temps, lorsque j'avais encore mon œil... enfin, je m'entends.

— Pourrai-je avoir ma robe à onze heures ?

— Certainement, je vais emporter l'étoffe, fiez-vous à moi, je vais faire un chef-d'œuvre. A trois heures, je viendrai vous l'essayer, puis nous irons ensemble chez la lingère, chez le cordonnier, chez tous ceux, en un mot, dont vous aurez besoin pour compléter votre toilette. M. Durouget m'a priée de vous accompagner afin de vous guider dans vos acquisitions.

— C'est bien, madame, à trois heures, je vous attendrai.

— Et je ne vous ferai pas attendre longtemps, mademoiselle. Dieu ! que cet excellent M. Durouget va être heureux de posséder une femme telle que vous. Le ciel lui devait bien ça ; c'est un si digne garçon. Adieu, mademoiselle.

— Adieu, madame.

— J'espère que je lui en ai donné pour son argent, le Durouget sera content, se dit en sortant la Godefroid ; c'est égal, cette petite est vraiment jolie. Il y a de l'avenir là ; je veux devenir son mentor.

Suzanne, conservant une impression pénible de

la visite qu'elle venait de recevoir, s'habilla à la hâte et sortit. Elle marcha au hasard et sans but, car elle éprouvait un impérieux besoin de ne point rester en place. Agitée par mille idées différentes, elle fuyait sa pensée, sa chambre et cette corbeille qui, si belle, si somptueuse, lui causait cependant plus d'inquiétude que de plaisir.

Une bonne pensée la conduisit chez Guduel.

— Il m'a dit de ne point parler de notre mariage, mais il ne m'a pas défendu de voir Maritana. Malgré toute son énergie, elle aussi a besoin de bonnes paroles ; allons-lui porter quelques consolations, pensa la jeune fille en entrant chez le comte de Martos.

— Suzanne, s'écria Maritana en apercevant l'ouvrière. Enfin, c'est toi ! Ah ! tant mieux ; j'étais bien inquiète.

— Vous êtes si bonne, mademoiselle Maritana.

— Je t'aime sincèrement, Suzanne. Je suis allée il y a trois jours à ta demeure, mais tu étais sortie, et depuis, l'état de mon père ne m'a point permis de m'éloigner un seul instant d'ici ; mais te voilà. Voyons, vas-tu mieux ?

— Oui... le danger est passé.

— Ce jeune homme n'est point revenu.

— Mademoiselle Maritana, ne me questionnez pas.

— Pourquoi, mon enfant ?

— Parce que je ne pourrais pas vous répondre.

— Tu m'effrayes ; Suzanne, n'aurais-tu pas suivi mes conseils ?

- Si ; aussi rassurez-vous, et sachez qu'un grand bonheur se prépare pour moi... pour nous ; c'est pourquoi vous me voyez aujourd'hui.

— Un bonheur !

— Oui, un bonheur tel qu'il me permettra bientôt de reconnaître les bontés qu'on a eues pour moi.

— Explique-toi, de grâce.

— Je vous le répète, je ne le puis.

— Suzanne, tu n'as jamais menti ?

— Jamais mademoiselle.

— N'as-tu, ou n'auras-tu pas bientôt quelque chose à te reprocher ?

— Rien, je vous le jure.

— Embrasse-moi, je te crois.

-- Merci ! j'avais besoin de cette bonne parole.

— Je ne comprends rien vraiment à ce qui t'arrive ; tu es ou tu vas être heureuse, et pourtant ta main est brûlante, tes yeux ont pleuré, je le vois ; ne peux-tu rien me dire ?

— Rien aujourd'hui, mais bientôt, je l'espère, vous saurez tout. Je vais quitter Paris.

— Toi ?

— Oui.

— Pour longtemps ?

— Pour un an.

— Et où vas-tu?

— Je n'en sais rien.

— Tu railles, Suzanne; le chagrin, les privations ont égaré ton esprit.

— Non pas, je vous le répète, *Souffrance* est morte hier; aujourd'hui il n'y a plus que Suzanne.

La conversation continua ainsi pendant quelque temps; puis Suzanne se leva.

— Adieu, mademoiselle Maritana, dit-elle.

— Tu me quittes déjà?

— Oui, je ne puis rester davantage. Courage, et dites mille choses à M. Martos pour moi.

— Hélas! adieu, Suzanne, ne te verrai-je plus avant ton départ?

— Oh! si, c'est au revoir que j'aurai dû vous dire, mademoiselle Maritana.

Suzanne Martin quitta la rue de la Victoire pour rentrer chez elle. Sa visite à Maritana l'avait un peu calmée. Il est bon de voir ceux qu'on honore et qu'on aime, surtout dans certains moments qui décident de l'existence. Les paroles affectueuses de Maritana avaient été, pour la jeune ouvrière, comme un baume salutaire qui lui avait rendu la sérénité dont son âme manquait complétement depuis la veille.

En rentrant chez elle, rue d'Amsterdam, Suzanne trouva madame Godefroid qui l'attendait chez le portier.

— Je suis fort pressée, dit-elle à la jeune fille, j'ai réfléchi que nous avons beaucoup de courses à faire ; mon ouvrière viendra à trois heures essayer la robe, et nous la finirons, elle et moi, chez vous, si vous le permettez.

— Certainement, madame.

— Eh bien ! si vous voulez, nous allons prendre une voiture pour faire vos emplettes.

Suzanne acquiesça à cette proposition.

Madame Godefroid fit signe à un remise, et la fiancée dé Durouget et sa couturière montèrent dans la voiture.

Là les interminables discours de madame Godefroid, tant sur les vertus du boursier que sur la beauté de Suzanne, recommencèrent de plus belle.

Dans chaque magasin, madame Godefroid prit ce qu'il y avait de plus élégant, de plus joli, de plus nouveau.

Suzanne la laissait faire, laissant choisir la mégère comme si ce qui se passait ne l'eût point regardée. Cette créature obséquieuse lui déplaisait horriblement ; elle la subissait en silence et cherchait à ne point l'entendre tout en faisant semblant de l'écouter avec attention.

Des chemises, des bas, des bottines, des fleurs, des gants, des boucles, un peigne, tout ce qui complète la toilette d'une femme élégante, fut acheté par madame Godefroid, payant largement et sans marchander avec l'argent que Durouget lui avait envoyé à cet effet.

A trois heures, toutes les courses étant terminées, les deux femmes rentrèrent, et la robe noire arriva.

Suzanne la trouva trop décolletée ; madame Godefroid prétendit qu'elle ne l'était pas assez.

— Quand on a des épaules et une gorge semblables, on doit les montrer, mademoiselle.

Malgré cet avis, Suzanne persista, et force fut à la couturière de rehausser le corsage.

La coupe arrêtée définitivement, madame Godefroid et l'ouvrière qui l'avait apportée se mirent activement à terminer la robe.

A dix heures elle était prête.

Alors commença la toilette de Suzanne.

Elle donna lieu à bien des exclamations de la part de madame Godefroid, mais nous les passerons sous silence.

Au fur et à mesure que Suzanne dépouillait ses humbles vêtements pour revêtir sa parure nouvelle, sa beauté radieuse apparaissait dans tout son éclat.

Un coiffeur vint, et la belle chevelure de Suzanne s'étala sur son front en ondes chatoyantes et vint se rattacher sur la nuque en tresses qui formèrent une sorte de corbeille d'où s'échappaient en abondance des boucles soyeuses qui s'épanchaient gracieusement sur le col d'albâtre de la jeune fille.

A onze heures et demie, Suzanne était complétement parée; un quart d'heure après, Durouget arriva. Il ne put retenir un cri d'admiration en apercevant la jeune fille.

Il ne la croyait que jolie, il la trouva belle.

— Le diable m'emporte ! se dit-il, si j'étais un imbécile, je crois que je l'épouserais vraiment.

Suzanne le voyant arriver seul lui en demanda la cause.

— Mon Dieu, ma chère Suzanne, répondit le boursier du ton le plus naturel, la personne sur qui je comptais pour vous servir de chaperon est indisposée; mais ne suis-je pas votre futur, et aux yeux des personnes que nous allons voir, ne passez-vous pas pour ma cousine? Rassurez-vous. J'ai fait sur tout cela une histoire très-vraisemblable; on croit que c'est moi qui vous ait fait élever, que je vous ai presque servi de père; les convenances sont donc tout à fait sauvegardées et votre pudeur ne doit pas s'alarmer.

*Souffrance* se laissa convaincre par ces astucieuses paroles; le boursier l'enveloppa dans un large manteau de velours, doublé de fourrure qu'il avait apporté, et descendit avec elle jusqu'à sa voiture, où il l'installa en disant à son cocher :

— Jean, rue d'Aumale, hôtel d'Arteville.

# X



L'hôtel d'Arteville, ainsi que venait de le nommer Durouget, avait trois étages.

Gaston avait sa chambre à coucher, sa salle à manger et un petit salon au rez-de-chaussée. Au premier, il y avait un salon plus grand que celui du bas, et deux pièces que d'Arteville avait mises gracieusement à la disposition du comte d'Erclange. Le second étage était distribué comme le premier ; le troisième ne contenait que les chambres des domestiques. Tout l'hôtel était fort élégamment meublé.

D'ordinaire, Gaston n'habitait que le rez-de-chaussée ; mais ce qu'il appelait ses grandes réceptions avaient toujours lieu dans le grand salon du premier.

Au moment où Durouget donnait ordre à son cocher de se rendre rue d'Aumale, le grand salon en question resplendissait de lumières.

D'Arteville savait bien faire les choses : il avait commandé un souper splendide chez Chevet, et une table somptueusement dressée occupait le milieu du salon. Il n'avait pas voulu que l'on soupât dans la salle a manger, trop petite pour que douze personnes puissent s'y trouver à l'aise.

Gaston avait tout surveillé lui-même jusque dans les moindres détails. Aussi le service était-il d'une élégance extrême.

La table était de douze couverts. Les assiettes de Sèvres, le linge en magnifique damassé d'Audenarde, les quatre verres de chaque couvert, tous quatre de même forme, mais de dimensions diverses, étaient marqués aux armes de d'Arteville, peintes sur la porcelaine, tissées dans le linge, gravées sur l'argenterie et sur les cristaux. Les siéges étaient commodes et élégants. Un large espace permettait de circuler autour de la table, éclairée par des candélabres énormes, ayant chacun douze branches, toutes garnies de bougies diaphanes, qui répandaient une douce chaleur et attiédissaient l'atmosphère de concert avec un grand feu flambant joyeusement dans la cheminée de marbre blanc.

Minuit sonnait à la pendule, au moment où Louis, le valet de chambre, annonça :

— Madame Olympe de Lucy.

En ce moment, Rodolphe entra dans le salon.

— Grand tralala, paraît-il, mon cher Gaston... Mazette ! on annonce, ce soir, ici. Bonsoir, comte, dit la pécheresse en entrant.

Rodolphe s'inclina.

— Ma chère, quand je paie mes dettes, je tâche de le faire le plus convenablement possible, répondit Gaston.

—Laissez-moi me chauffer un peu, reprit Olympe en s'approchant du foyer; je viens du spectacle, et j'ai pris froid dans ma voiture. — Il paraît que je suis la première.

— Olympe, l'exactitude est la politesse des rois... et des reines.

— Merci pour le mot.

— Je m'en paie, ma déesse.

Et Gaston baisa la main de la courtisane.

— Oh ! voyez donc, M. d'Erclange, fit-elle ; je crois que cela tournera fort au débraillé tantôt.

— Et pourquoi, madame ? demanda Rodolphe.

— Parce qu'on est bien comme il faut en commençant.

—MM. Sylvain et Finet, annonça le domestique.

Le docteur et le vaudevilliste entrèrent et serrèrent la main à Rodolphe et à Gaston, puis s'approchèrent d'Olympe et lui firent un salut que Finet crut de fort bon goût d'exagérer à l'excès.

— Prenez donc garde, mon cher, lui dit Olympe, vous allez vous casser.

— Oh ! il n'y a pas de danger, répliqua le petit homme, je plie sans me rompre ; je ressemble aux lames de Tolède.

— Moins le tranchant.

— Vous me sabrez, Olympe.

— Non, mon petit coupe-choux, je vous repasse... la monnaie de votre salut.

— Mes enfants, interrompit Gaston, si vous êtes déjà aussi bêtes que cela, à table vous serez stupides. Mais ces dames se font bien attendre, ajouta-t-il après avoir regardé la pendule.

On entendit le bruit d'une voiture roulant sur le pavé de la cour, et, un instant après, Délia et Cora furent annoncées à leur tour sous les noms pompeux de :

— Mesdames d'Hervilliers et d'Aubéricourt.

Les bonjour, cher, — bonsoir, comte, — bonjour, belle dame, — bonsoir, chère belle, s'échangèrent pendant quelques instants.

— Messieurs et mesdames, dit alors Gaston, je vous demande bien pardon de vous recevoir de prime abord dans la salle du souper, mais vous savez tous que j'ai Rodolphe pour hôte ; il m'a pris tout mon premier étage hors ceci : ainsi donc, excusez-moi.

— Parbleu !

— Tu plaisantes.

— Nous nous mettrons plus vite à table.

— Que de façons, d'Arteville !

— Mes amis, nous ne sommes plus au restaurant, continua Gaston, malgré l'approbation unanime de ses convives ; et je tiens toujours à recevoir chez moi, non comme je puis, mais comme je le dois.

— C'est bon, Gaston. Tu es magnifique, c'est connu. A propos, qui attendons-nous encore ?

— Cinq personnes, répondit Gaston : de Chambly du cercle, vous savez, notre quatrième à la bouillotte d'hier, et deux dames qu'il doit nous amener, puis Durouget et sa nouvelle conquête.

— Ah ! oui, dit Olympe, son rêve blond. Je suis curieuse de voir cette merveille ; Durouget la dit idéale, mais fiez-vous aux hommes amoureux.

— L'est-il ?

— Je l'en crois incapable.

— C'est au moins un violent caprice, répondit

Olympe. Il m'en a parlé pendant deux heures aujourd'hui.

— Messieurs, dit Finet, je crois fort que Durouget viendra seul, ou que plutôt, honteux et confus de ne pouvoir nous montrer sa déesse, il ne viendra pas du tout.

— Finet, dit Gaston, vous vous y prenez trop tôt. Les invitations sont faites pour minuit; Durouget a bien le droit, vu la gravité de la circonstance, de n'arriver qu'à une heure.

— Enfin, nous verrons, répliqua Finet; je crois peu aux anges blonds et moins encore aux succès de Durouget.

M. de Chambly fut annoncé en ce moment.

Le nouvel arrivant introduisit deux femmes. En les voyant paraître, Olympe, Cora et Délia se jetèrent un coup d'œil.

Les nouvelles venues étaient bien de leur monde, de ce monde à part qui commence au ruisseau et s'arrête au seuil de la famille, mais elles n'étaient pas de leur coterie.

Gaston reçut gracieusement les amies de M. de Chambly, tout en s'apercevant du froid glacial que leur arrivée avait jeté sur les trois pécheresses.

La conversation devint terne, froide, insipide. On n'échangea plus que quelques phrases banales et pour la plupart monosyllabiques.

Tout le monde attendait, du reste ; quelques-uns avaient faim.

C'est le propre des estomacs délabrés que de ressentir ce besoin à toute heure.

La fête tournait au lugubre.

Gaston, qui connaissait l'influence du champagne sur les esprits les plus moroses, supportait, sans s'en inquiéter le moins du monde, la bourrasque glaciale qui passait sur tous les esprits. Il était d'ailleurs fort préoccupé. Tout en étant certain du succès de Durouget, il l'attendait avec impatience. Légèrement humilié par la perte de son pari avec Rodolphe, il considérait la victoire du boursier comme une revanche de son propre échec. Il allait sans cesse jusqu'à l'escalier, écoutant attentivement si personne n'arrivait.

Minuit et demi sonna, et comme plusieurs convives demandaient à se mettre à table, Gaston rentra vivement dans le salon en s'écriant :

— Les voilà !

— Enfin.

— Sont-ils deux ?

— Oui, mon cher Finet, Durouget amène sa conquête.

— C'est une danseuse déguisée en vertu qu'il aura louée. Je ne croirai à son triomphe que quand j'aurai vu, répliqua le vaudevilliste.

— En tous cas, ce ne sera pas long, s'écria Gaston. Mes enfants, ajouta-t-il, je vous prie de vous conformer aux recommandations de Durouget; vous savez que cette jeune fille doit se croire ici dans le vrai monde.

— Ne dirait-on pas que nous sommes des sauvages, fit Délia.

— Ma chère enfant, prudence ne nuit pas. Attention, les voici.

Tous firent cercle. Les femmes étaient assises, les hommes debout. Olympe occupait un vaste fauteuil près de la cheminée.

Durouget parut donnant le bras à Suzanne.

L'effet produit par la jeune fille fut prodigieux.

Les hommes furent émus de plaisir, les femmes tressaillirent d'envie et de colère.

*Souffrance* était plus qu'une rivale pour elles; et toutes, à première vue, reconnurent sa supériorité.

— Elle est atroce, dit tout bas Cora à Délia.

— Une vraie poupée, répliqua celle-ci.

Durouget salua courtoisement tout le monde à la fois, en adressant un léger clin d'œil à Gaston, et conduisant Suzanne, éblouie, enivrée de se voir en telle compagnie qu'elle ne jugeait que sur les dehors, il arriva vis-à-vis d'Olympe, à qui il dit d'un ton cérémonieux :

— Chère madame, permettez-moi de vous présenter mademoiselle Suzanne Durouget, ma cousine.

Puis, se tournant vers *Souffrance,* il ajouta en montrant Olympe :

— Madame la comtesse de Lucy, ma meilleure amie.

Finet pouffa de rire, mais Gaston le fit taire instantanément.

Suzanne, toute troublée, s'inclina et tomba plutôt qu'elle ne s'assit dans le fauteuil que lui avançait Rodolphe.

M. de Chambly, qui se prétendait myope, dit à ses compagnons, après avoir longuement examiné Suzanne des pieds à la tête à travers son pince-nez :

— Charmante, charmante, en vérité.

Mais cet éloge n'eut point d'écho.

Excitée par les regards de Durouget qui semblaient lui dire : — Allons donc ! — Olympe s'approcha de Suzanne et lui adressa une phrase polie à laquelle la jeune fille, toute confuse, ne sut répondre qu'un : — Oui, madame, — presque inintelligible.

— Eh bien, tu vois, dit Gaston à Rodolphe en désignant Suzanne.

— Oui, et pourtant je n'y vois pas encore, répondit Rodolphe. Il y a dans tout ceci une erreur ou une infamie.

— Mon brave d'Erclange, je finirai par croire qu'Eugène Sue t'a pris pour modèle lorsqu'il créa le prince de Gérolstein. Prends-tu cette fillette pour la Goualeuse?

— Non, certes, car cette enfant est innocente et pure.

— Toutes les femmes le sont, c'est convenu; tu l'as décrété, naïf paladin!

— Eh bien, d'Arteville, qu'en dites-vous? fit en ce moment Durouget en se rapprochant de Gaston.

— Divine! cher ami; recevez mes sincères félicitations. Il faudra la mettre en une tour bien obscure, pour qu'un Jupiter de la finance, se changeant en pluie d'or, ne vous l'enlève pas promptement.

— Oh! j'ai mes plans arrêtés sur tout cela. Des munitions pour un an; après... qu'importe... Je serai toujours le premier.

— Je serai?...

— C'est-à-dire, je suis; n'épiloguons point sur les mots, mon cher Gaston.

Cela dit, le boursier rejoignit la jeune ouvrière.

— Ma chère Suzanne, vous paraissez encore bien émue? lui dit-il.

— Je l'avoue, mon ami, il me semble que je fais un rêve.

— Vous déplaît-il?

— Oh non!

— Eh bien, il ne finira jamais.

— Que vous êtes bon ! que tout est beau ici ? Je n'avais point idée de richesses semblables.

— Votre étonnement me ravit, ma chère Suzanne.

Des domestiques apportèrent, tout garnis d'assiettes et de couverts, de petits dressoirs à compartiments tournant sur pivot. Ils en placèrent un à côté de chaque convive ; puis, sur l'ordre de Gaston, ils mirent tous les plats sur la table : les plats froids symétriquement, soit au milieu, soit aux extrémités, et les plats chauds sur les quatre réchauds qui entouraient le surtout d'argent, chef-d'œuvre de Froment Meurice.

Ces préparatifs, empruntés aux modes anglaises, avaient pour but de permettre aux convives de se passer des domestiques pendant tout le repas, chaque personne ayant à proximité de sa main de quoi changer d'assiette et de couvert toutes les fois qu'elle le jugeait convenable.

Quand tout fut prêt, et que les valets se furent retirés, Gaston, s'adressant à tous, dit :

— Veuillez vous placer, mesdames et messieurs. Olympe en face de moi, Rodolphe à sa gauche, vous, Durouget, à sa droite. Madame à côté de vous, — il désignait Suzanne, — mesdames d'Hervilliers et d'Aubéricourt à mes côtés ; Chambly à côté de cette dernière ; une de ces dames (celles introduites par

Chambly) entre Rodolphe et lui. Vous, docteur, à côté de madame d'Hervilliers; vous, madame (la deuxième *biche* introduite par Chambly), près de M. Sylvain, et enfin Finet, entre madame et mademoiselle Durouget.

Tout le monde prit place dans l'ordre que venait d'indiquer Gaston. De cette façon, Rodolphe, Olympe, Durouget, Suzanne et Finet étaient à la suite l'un de l'autre.

Finet était enchanté de sa place; le voisinage de Suzanne lui était des plus agréables. Il roulait des yeux de satyre en la regardant, et il se promettait en outre, grâce à la place qu'il occupait, de fourrer plus d'un bâton dans les roues du char qui devait mener Durouget à Cythère.

— Parfait, fit Gaston, quand tout le monde fut placé. Tâchons, messieurs, que la gaieté la plus franche ne cesse de régner...

— Dans ce repas de famille... Connu, acheva Finet. Mais d'abord, mon cher d'Arteville, dites donc à ces dames de ne point mettre leurs gants dans les coupes de champagne.

— Bah! reprit Gaston, elles le boiront dans les grands verres. Versez, messieurs, versez, nous ne sommes pas gais aujourd'hui; pourtant la bise souffle du dehors, la neige fouette les vitres; c'est une belle nuit pour rire et sabler le Falerne.

— Ah! bon, nous tournons à l'antique, cela me cothurne.

— Qu'avez-vous donc, cher comte ; vous méritez plus que tout autre le reproche de manquer d'entrain que vient de nous adresser Gaston, dit Olympe à Rodolphe.

— Rien, madame, je vous avoue franchement que ces saturnales sont un peu neuves pour moi; il faut le temps de se faire à tout et d'apprécier certaines choses.

— Décidément mon avis est que ce ne sera pas gai, ce soir, ici.

— Pourquoi?

— D'abord M. de Chambly nous a amené des femmes que nous connaissons à peine de nom, et puis la maîtresse de Durouget est trop jolie pour Cora et Délia. Ces messieurs la regardent trop ; voyez plutôt, la pauvre fille en est toute confuse, et mes chères amies enragent intérieurement de la découverte de notre ami.

— Elle est fort bien, en effet.

— Oui.

— Finet, qu'as-tu fait de ta langue ?

— Je l'ai avalée, mon cher Gaston; quand j'ai d'aussi jolies voisines que mademoiselle, l'admiration m'étouffe.

— C'est bien pour cela que toutes celles qu'il a

déshonorées de sa confiance m'ont affirmé qu'il était bavard.

— Ne parlons point du passé :

> Du spectacle d'hier affiche déchirée.

Il est mort, répondit Finet.

— Versez-vous, messieurs ; Olympe, tu ne bois pas, et toi, Rodolphe, vous aussi, de Chambly. Allons, mes chères voisines, montrons l'exemple.

Disant ces mots, Gaston versa du champagne à Cora et à Délia.

Durouget, de son côté, encouragait Suzanne à vider son verre, mais sans pouvoir parvenir à l'y décider.

— Tu es un tyran, mon cher ami, lui dit Finet ; tu vois bien que ta cousine n'a pas soif.

— A souper on boit, comme on mange, pour faire quelque chose.

— Je te félicite en ce cas de ton zèle ; quel ogre tu fais ! Ne trouvez-vous pas qu'il mange pour quatre, ce cher ami ? dit Finet à Suzanne.

— Je n'y ai point fait attention, monsieur.

— Messieurs, messieurs, cela ne va pas du tout. Je suis seul à boire ; allons donc, mes amis, rasades complètes. Tas de bonnets de nuit, ajouta tout bas Gaston qui, à force de vouloir faire boire les autres, commençait à se griser.

Cora en faisait autant.

Délia était fort aimable auprès de de Chambly, tâchant de l'enlever à sa voisine de droite, qui répondait aux œillades qu'adressait la courtisane à son amant, par des regards chargés de colère et de haine.

Durouget recommença ses tentatives auprès de Suzanne.

— On dirait qu'il veut griser cette enfant, se dit Rodolphe. Voilà donc ce qu'ils appellent vivre. En faisant cette réflexion, il lança un regard au docteur Sylvain, qui lui répondit par un signe.

Durouget était furieux. La présence de Suzanne, la vive et luxurieuse préoccupation qu'elle lui causait l'empêchaient de trouver ces mots durs, vrais coups de massue dont il se servait ordinairement pour mater Finet.

Suzanne refléchissait; ce qui se passait autour d'elle lui semblait si étrange qu'elle doutait que cela fût réel; un secret instinct lui révélait que les personnes avec qui elle se trouvait n'étaient point honnêtes. Son âme, vertueuse et pure, ne se sentait pas dans son milieu.

Plongée dans de sombres pensées, sans se douter pourtant du piége odieux dans lequel elle était tombée, une grave crainte s'empara d'elle.

— Vous tremblez, Suzanne, lui dit Durouget.

— C'est un frisson, répondit la jeune fille.

Elle rencontra les yeux de Rodolphe. L'air franc et plein de noblesse du comte lui révélant un protecteur, elle lui adressa un long regard plein de reconnaissance.

Gaston était complétement gris.

— Oui, s'écria-t-il, toutes les femmes sont des rosières, n'est-ce pas, Rodolphe ? Je te ferai faire un costume de berger trumeau; tu iras avec les bergerettes, sous la coudrette, chanter sur ta musette de tendres chansonnettes..... Buvons ! buvons, messieurs !

Le dessert arriva.

— Ma chère Olympe, dit tout bas Durouget à la prétendue comtesse de Lucy, je suis allé chez Janisset; demain, à midi, le bracelet sera chez vous... Mais songez à votre promesse; vous voyez qu'il faut la tenir. Je n'ai pu décider cette petite sotte à boire.

— Avez vous...

— Oui.

— Donnez.

— Voici, fit Durouget en glissant à la pécheresse un petit flacon, dans lequel se trouvaient quelques gouttes d'une liqueur brune; vous pouvez tout mettre sans danger.

— Bien.

Rodolphe n'avait point perdu un geste de tout ce qui s'était passé.

— Quel est leur projet? se demanda-t-il en se promettant de surveiller Olympe et Durouget.

Cora, aussi ivre que Gaston, lui racontait sa dégringolade des échelons de la vie.

En prononçant les mots village, clocher, souvenirs d'enfance, une larme s'échappa de ses yeux et tomba sur la main de d'Arteville.

— Ah! tu m'ennuies, à la fin, dit le viveur. Ton histoire est plate comme les landes et tu pleures trop. Assez! Je demande une chanson.

— Oui, oui, une chanson.

— Qui se dévoue?

— Moi, dit Finet.

— A la bonne heure; mets-toi au piano, mon petit Fifi.

On se leva de table, et le vaudevilliste alla s'asseoir devant l'instrument.

— Messieurs, dit-il, la chanson que je vais vous dire est d'un auteur qui désire garder l'anonyme... il se nomme Finet.

— Aïe! dis donc, Finet, sans te débiner, nous aimerions mieux autre chose.

— Vous en aurez tout à l'heure, messieurs : aux derniers les bons, comme dit le proverbe. La chanson que je vais vous dire est dédiée à ces dames.

Et Finet chanta.

> Ah ! comme elle était gentille,
> Avec son rouge cotillon.
> Elle était pure et simple fille,
> Et ne s'appelait que Manon.
> La fraîcheur parait sa figure,
> Un gros sabot chaussait son pied...
> Manon, vous n'aviez pas voiture,
> En ce temps-là, mais vous m'aimiez.
>
> C'est au loin, là-bas, à Pomponne,
> Un village autour d'un clocher,
> Que Satan gagna la friponne
> Et pour Paris vint la chercher.
> Elle abandonna, la parjure,
> Deux vieillards, blanchis par les ans ;
> Manon, vous n'aviez pas voiture,
> Mais vous aviez vos vieux parents.
>
> Chaque dimanche, la première,
> Elle allait porter au Seigneur,
> Dans sa longue et sainte prière,
> De chastes vœux partant du cœur;
> Sa voix se mêlait au murmure
> Des autres voix dans le saint lieu;
> Manon, vous n'aviez pas voiture
> Mais vous saviez bien prier Dieu !

— Mais c'est absurde ce que tu chantes-là ! s'écria Gaston.

— Laissez donc continuer, mon cher d'Arteville, dit Sylvain.

Finet passa au quatrième couplet, qu'il dit sur un ton indifférent et en pressant un peu le mouvement.

Maintenant, quelle différence !
Elle s'appelle Débora,
Et grignottant de par la danse,
De femme elle s'est faite rat ;
Car son cœur est cosmopolite,
Français aujourd'hui, turc demain...
A pied, Manon, on va moins vite,
Mais on va dans le droit chemin.

— Moralité !... dit Finet. Et il poursuivit :

Quand la jeunesse — l'inconstante ! —
Aura délaissé tes appas,
Tu deviendras mère, ou bien... tante
A gage..., ouvreuse..., on ne sait pas.
Jeunes filles, je vous conjure,
Comme elle ne tournez point mal ;
Ça commence par la voiture,
Mais ça finit par... l'hôpital !


Rodolphe et Sylvain, ainsi que de Chambly, applaudirent à tout rompre. Gaston s'était endormi.

On entendit alors des sanglots retentir ; c'était Cora qui pleurait à chaudes larmes.

— Qu'avez-vous ? lui demanda Sylvain.

— Ah ! on ne doit pas chanter de chansons pareilles devant des filles comme nous ! répondit la pécheresse en sanglotant.

— Elle a le vin triste, remarqua sentencieusement Olympe.

Suzanne, en entendant parler Cora, avait tout

compris. Elle devint pâle comme une morte. Durouget devina à l'instant l'effet produit par la révélation que venait de faire la courtisane dans sa lamentable ivresse.

— Suzanne, Suzanne, dit-il à la jeune fille du ton le plus affectueux qu'il put prendre, qu'avez-vous?

*Souffrance* releva la tête et enveloppa le boursier d'un regard de mépris.

— Vous m'avez indignement trompée, lui dit-elle. Où m'avez-vous conduite?

— Mais...

— Je veux partir...

— Remettez-vous, de grâce !

Et Durouget fit un signe à Olympe.

Celle-ci, tenant un verre de vin de Bordeaux à la main, s'approcha de la jeune fille.

— Vous êtes pâle, mademoiselle, lui dit-elle avec affection. Buvez ceci, cela vous remettra.

Suzanne, toute bouleversée, sentant qu'elle allait défaillir, prit le verre qui résonna sous ses dents agitées fébrilement et le vida d'un trait.

En ce moment, Rodolphe saisit Olympe par le bras et l'attira à l'écart.

— Un mot, madame, lui dit-il tout bas.

— Parlez, cher comte.

— Qu'avez-vous mis dans le verre que vient de vider cette jeune fille?

— Mais rien.

— Ne mentez pas ; je vous ai vue y verser le contenu d'un flacon que vous avez encore dans la poche de votre robe.

— Vous me faites mal, monsieur ; lâchez-moi, je vous prie.

— Parlez alors... mais parlez donc !

— Ah ! eh bien, c'est...

— C'est ?...

— Du laudanum.

— Un empoisonnement !

— Quelques gouttes seulement ; de quoi l'endormir profondément pendant quelques heures, voilà tout.

— C'est bien, fit Rodolphe, pas un mot, pas un geste, je le veux ; je sais ce qu'il me reste à faire.

Et Rodolphe lâcha le bras d'Olympe et alla tranquillement s'asseoir près du foyer.

Durouget était aux genoux de la jeune ouvrière dont il essayait vainement de prendre la main, en lui disant :

— Suzanne, chère Suzanne, de grâce, un mot. Je vous expliquerai tout.

— Laissez-moi... laissez-moi, monsieur.

Le docteur Sylvain s'approcha, et Durouget n'osa point continuer devant lui.

— Oh ! je ne sais ce que j'éprouve, dit la jeune

fille au médecin ; ma tête est lourde, mes paupières se ferment malgré moi ; ce n'est point la fatigue... oh ! non, jamais elle ne m'a produit cela... c'est un songe...et puis cette chanson... Manon...vous savez. Oh ! oui, cela doit être ainsi.

> Ça commence par la voiture,
> Mais ça finit par l'hôpital !

Maritana avait raison... la mort.... la mort vaut mieux !

En prononçant péniblement cette dernière phrase, Suzanne s'endormit profondément.

— Finet, ta chanson est stupide, dit avec colère Durouget au vaudevilliste.

— Mon bon, répliqua Finet, j'ai essayé vainement de faire une romance sur les cours de la Bourse ; tous les sujets ne sont pas favorables.

— Vois l'effet que ta complainte a produit.

— Il m'enchante. *Castigat ridendo mores.*

— C'est un mauvais tour que tu as voulu me jouer.

— Tu es injuste.

— Allons, Durouget, n'allez-vous pas vous fâcher, dit de Chambly.

— Messieurs, fit à son tour Rodolphe qui venait de couper court à une conversation sentimentale que Délia, voyant son insuccès auprès de de Chambly, avait entamée avec lui, il me semble que nous ne pouvons laisser cette jeune fille sur cette chaise.

— C'est vrai, elle pourrait tomber.

— Dort-elle bien ?

— Elle est si jeune, lança Durouget.

— Si vous voulez bien m'aider, docteur, dit Rodolphe à Sylvain, nous allons la mettre un instant sur mon lit.

— Volontiers, répondit Sylvain.

Durouget se réjouit intérieurement de la proposition de d'Erclange, qui favorisait le projet qu'il venait de concevoir instantanément, ayant dû renoncer, tellement l'effet du narcotique avait été prompt, à emmener Suzanne dans sa voiture comme il comptait le faire auparavant.

Rodolphe et Sylvain portèrent Suzanne dans la chambre à côté et la déposèrent sur le lit.

Lorsqu'ils furent seuls :

— C'est du laudanum qu'ils lui ont fait prendre, dit Rodolphe.

— Je m'en suis douté, répondit Sylvain.

— N'y a-t-il aucun danger ?

— Non ; ce matin, Durouget est venu chez moi me demander une ordonnance afin de pouvoir s'en procurer, et d'après celle que je lui ai faite, on a dû ne lui en donner qu'une dose fort anodine.

— Je ne permettrai pas qu'il accomplisse l'infâme projet qu'il a conçu.

— Que voulez-vous faire, mon cher comte?

— Je ne sais encore, tout dépendra des circonstances. Rentrons, pour ne point éveiller plus longtemps l'attention.

Sylvain et d'Erclange rejoignirent les convives.

Ils les trouvèrent tous groupés autour de Gaston endormi, s'amusant à lui faire la coiffure la plus étrange, à l'aide des serviettes tordues et de fleurs qu'ils avaient arrachées des deux jardinières qui se trouvaient dans les embrasures des croisées.

Durouget, profitant de l'occupation à laquelle se livraient les autres, entra doucement dans la chambre de Rodolphe; à peine y était-il, que d'Erclange y pénétra de nouveau.

— Diable, se dit le boursier, le comte arrive bien mal.

Cependant rien ne parut sur son visage, et ce fut de l'air le plus naturel du monde qu'il dit au comte, en montrant Suzanne :

— Elle repose, cela lui fera du bien.

Rodolphe répondit par un signe et s'assit dans un fauteuil à côté du lit.

Durouget, désespérant de rester seul avec la jeune fille, reprit :

— Nous ferions mieux, je crois, mon cher comte, de rejoindre ces messieurs et ces dames... Ici, nous ne pourrions que déranger Suzanne... Qu'en pensez-vous?

— Je suis de votre avis, monsieur.

Dissimulant toujours le profond dépit qu'il éprouvait, Durouget se leva et d'Erclange le suivit.

Lorsqu'ils rentrèrent dans la salle du souper, un punch énorme flambait au milieu de la table, à la place qu'occupait le surtout quelques instants auparavant.

Les hommes fumaient des trabucos de contrebande; les femmes des cigarettes russes.

Une clarté blafarde, pénétrant par les croisées, faisait pâlir l'éclat des bougies.

C'était le jour.

— Adieu, comte, je pars, dit Sylvain à Rodolphe.

— Ne nous quittez pas encore, mon cher docteur; je ne sais ce qui va se passer, mais je prévois que tout ceci finira mal; restez, je vous en prie.

— En ce cas, j'y consens.

Finet se remit au piano. A la prière de Délia, il joua un quadrille. A cette époque, les *Lanciers* n'étaient point encore en vogue. On recula la table, et de Chambly, qui avait engagé une des deux femmes qu'il avait amenées, dansa, ayant pour vis-à-vis Cora et Délia. Cora avait séché ses larmes; elle avait oublié la chanson de Finet; sa tristesse provenant plus des nombreuses libations qu'elle avait faites que d'un chagrin réel, sa peine s'était éteinte lorsque l'effet du vin avait été moindre.

Durouget mit de nouveau la main sur le bouton en bronze ciselé de la porte de la chambre cédée par d'Arteville au comte d'Erclange ; mais, voyant Rodolphe se diriger vers lui, il se rassit en se disant :

— Décidément, c'est de la persécution.

Sur cette réflexion, il se dirigea vers Gaston, en qui il espérait trouver un appui et un aide au besoin ; mais d'Arteville dormait toujours.

Après le quadrille, ces dames voulurent une valse. Durouget ne put échapper à Olympe, qui l'entraîna presque malgré lui. Cora se rejeta sur Sylvain, qui s'exécuta de bonne grâce, et Rodolphe dut imiter les autres en suivant Délia.

Durouget abandonna sa danseuse tout à coup et se dirigea une troisième fois vers la chambre où reposait Suzanne ; mais Rodolphe, qui ne le perdait point de vue, quittant brusquement Délia, alla barrer le passage au boursier.

— Mon cher comte, dit Durouget, il paraît que vous tenez beaucoup à ma compagnie ce soir ?

— Énormément, monsieur, répondit froidement d'Erclange.

— Voudriez-vous me permettre de passer ? Je désire causer seul avec Suzanne.

Rodolphe ne bougea pas.

— Ne m'avez-vous pas entendu ? fit Durouget.

— Parfaitement, répondit Rodolphe avec froideur ; mais, comme il ne me convient pas de vous laisser aller seul dans cette chambre, je n'ai pas cru devoir vous répondre.

— C'est une plaisanterie, j'imagine ?

— Rien n'est plus sérieux.

— De grâce, laissez-moi entrer.

— Vous ne passerez pas !

— Monsieur !

— Non, vous ne passerez pas, reprit Rodolphe ; et il ajouta en baissant la voix : — Je sais que vous avez fait prendre un narcotique à la pauvre fille qui est là, et je ne vous permettrai pas d'accomplir une infamie.

— C'en est trop !... Une dernière fois, monsieur, quittez cette porte.

— Une dernière fois, non, monsieur Durouget. Vous méditez une lâcheté, la permettre serait devenir votre complice. Cette jeune fille est sous mon toit, dans ma chambre, je veillerai sur elle.

— Et de quel droit?

— Du droit qu'a tout homme d'honneur de protéger l'innocence en péril.

— Imbécile !... fit le boursier avec une froide colère.

Rodolphe s'élança sur lui, lui saisit les deux poignets et les lui serrant à les briser :

— Vos armes ? s'écria-t-il.

— Soit... l'épée. Lâchez-moi donc.

— Eh bien, descendons ! nous nous battrons sur l'heure !

Sylvain et de Chambly s'étaient rapprochés ; Finet, toujours assis au piano, regardait de loin cette scène qui tournait au tragique.

— Messieurs, vous n'y songez pas, dit Sylvain.

— Docteur, répliqua Rodolphe, vous savez que je ne plaisante jamais.

En ce moment, Gaston se réveilla, son ivresse était passée.

Durouget courut à lui.

— Viens, dit-il à d'Arteville, viens et juge entre nous. M. d'Erclange vient de me provoquer.

— Hein ? fit Gaston ; Rodolphe, est-ce vrai ?

— Oui, répondit d'Erclange. Fais partir les femmes ; nous sommes six hommes, l'affaire se videra de suite. Tu as des épées ; nous nous battrons dans ta salle à manger.

— Chez moi ! y penses-tu ?

— Où veux-tu donc que nous le fassions ? Il fait un froid tel que monsieur ni moi ne pourrions tenir une épée en main au grand air. Tu seras mon témoin ; vous aussi docteur.

Sylvain accepta, pensant qu'il pourrait arranger l'affaire.

Les femmes furent congédiées par Gaston. Tout ce qui précède s'était passé si vite, du reste, qu'aucune d'elles, excepté Olympe, n'avait compris au juste ce dont il s'agissait.

— Mes enfants, partez, leur dit d'Arteville; il y a un malentendu entre Rodolphe et Durouget; nous devons arranger cela entre hommes... vous comprenez.

Les pécheresses ne se le firent point répéter, et il ne resta plus dans la salle que les deux adversaires et leurs quatre témoins; Durouget ayant pris de Chambly et Finet pour seconds.

Rodolphe ferma la porte de sa chambre à double tour et mit la clef sur la cheminée.

— Messieurs, personne ne doit toucher à cette clef qu'après le combat, dit-il. Quant à moi, je jure sur l'honneur de la respecter. Il vous reste à vous entendre, messieurs; que M. Durouget veuille bien descendre avec ses deux témoins, pendant que je vais faire part à M. d'Arteville et à M. Sylvain de mes intentions. J'ai ce droit, puisque c'est moi qui suis l'insulté.

Finet et de Chambly entraînèrent le boursier tout bouleversé de l'algarade, et le comte d'Erciange resta seul avec ses témoins.

# XI

## Le duel.

Durouget descendit avec Finet et de Chambly dans la chambre à coucher de d'Arteville, où ils s'installèrent.

— Voilà une fête qui finit bien mal, dit Finet. Un duel... cela tourne au tragique.

— J'espère bien qu'il n'aura pas lieu, fit de Chambly, car vous et moi nous allons faire tous nos efforts pour arranger cette affaire ; il le faut, n'est-ce pas, Durouget, vous n'êtes point un spadassin, et vous ne pouvez avoir de haine contre M. d'Erclange, que vous connaissez seulement depuis quelques jours.

— En effet, répondit le gros garçon, je ne lui en

veux point, mais c'est lui qui m'a provoqué... et,
s'il ne retire pas sa provocation, il faudra bien que
je me batte.

— Mon cher ami, tu t'exagères sans doute la
gravité de la situation, dit le vaudevilliste.

— Non pas! Je n'ai jamais reculé devant une
affaire d'honneur; je ne commencerai pas aujour-
d'hui, messieurs.

— Mais quel est l'insulté?

— C'est le comte.

— Faites des excuses, en ce cas.

— De quelle nature?

— Mais des excuses verbales, l'injure l'ayant été
aussi, il me semble que cela doit suffire.

— Voyons d'abord les témoins du comte, tout
dépend de ses intentions, dit de Chambly.

Pendant que cette conversation avait lieu au
rez-de-chaussée, voici ce qui se passait au premier
étage.

Aussitôt après la sortie de Durouget et de ses
témoins, Gaston avait dit à Rodolphe :

— Voyons, mon ami, tu n'y songes pas. Pourquoi cette querelle? Durouget est la crème des bons
enfants.

— M. Durouget est un misérable qui m'a
gravement insulté, d'Arteville, répondit froidement Rodolphe, et il m'en rendra raison.

— Mais que s'est-il passé? demanda d'Arteville.

— Une chose honteuse : ce monsieur, que tu dis la crême des bons enfants, méditait une petite plaisanterie capable de l'envoyer droit au bagne. J'ai cru de mon devoir, et dans son propre intérêt, de m'y opposer; il n'a pas compris mon intention, et m'a lancé une grossière injure au visage... Je veux, je dois me battre, je me battrai. Je choisis l'épée, étant l'insulté. Je vous laisse le soin de régler vous-mêmes toutes les autres conditions du combat, car je ne veux tuer personne... mais punir simplement un insolent.

— Je ne comprends pas un mot à tout ton discours, répliqua d'Arteville. Quel crime Durouget voulait-il donc commettre?

— Le docteur, qui l'a compris comme moi, te l'expliquera. Je doute que ton appréciation sur ce fait soit aussi sévère que la nôtre, car, mon pauvre Gaston, tu pousses l'indulgence fort loin.... mais les Lovelaces ne sont plus de mode. Je ne veux point m'ériger en redresseur d'abus, mais il est certaines choses qui me révoltent et me forceront toujours à prendre parti contre quiconque tentera de les accomplir.

— Mon cher Rodolphe, tu es encore sous l'influence de la colère, sans doute. Si ce duel doit avoir lieu, comme tu le crois, remettons-le, en tout cas. Il n'est point dans les usages, depuis que les gentilshommes ne portent plus l'épée au côté, que la réparation se fasse au moment de l'insulte, dit Gaston.

— Qu'importe! fit le comte. Je suis d'avis, pour ma part, que tout retard est inutile en de telles circonstances. Descendez, messieurs, voyez les témoins de mon adversaire, et réglez immédiatement les conditions du combat.

— Vous voulez décidément qu'il ait lieu sur l'heure, monsieur le comte? demanda Sylvain.

— Oui, docteur; de cette façon, point de bruit, point de scandale, point de publicité. Il est parfaitement inutile que le public apprenne cette rencontre, et, pour ma part, je serais fort contrarié d'en voir figurer le récit dans les journaux. Ici, chez Gaston, nous serons parfaitement à l'abri des indiscrets, et, en priant ces messieurs de se taire, personne ne saura ce qui se sera passé. C'est encore une raison qui m'engage à ne point remettre à demain ce duel. Allez, allez, messieurs... Et toi, Gaston, fais-moi apporter de quoi écrire...

— Ce n'est point un testament que tu veux faire, je suppose? dit le viveur.

— Non, mais en pareil cas on a toujours quelques dispositions à prendre, nul ne pouvant prévoir ce qui peut arriver... Fais donc, je te prie, ce que je te demande.

— Monsieur le comte, est-ce un sombre pressentiment qui vous fait avoir cette pensée ?

— Du tout, mon cher docteur; ne voyez dans ce désir qu'un excès de prévoyance, rien de plus.

— Dans un instant, tu auras tout ce qu'il te faut, dit Gaston; venez, docteur, ajouta-t-il.

Sylvain et lui descendirent au rez-de-chaussée. Gaston donna l'ordre à Louis, son valet de chambre, de porter à Rodolphe ce qu'il avait demandé; puis les quatre témoins se réunirent dans le petit salon qui se trouvait à côté de la chambre de d'Arteville, dans laquelle Durouget resta seul.

Rodolphe, dès que ses témoins furent descendus, s'approcha de la porte de sa chambre et y colla son oreille. Un souffle léger, arrivant jusqu'à lui, lui apprit que Suzanne dormait toujours.

En ce moment, Louis entra apportant un buvard, un encrier et des plumes.

— C'est bien, merci, dit Rodolphe.

Et tandis que Louis se retirait, il écrivit sur une feuille blanche les lignes suivantes :

« Au moment de me battre contre M. Durouget, je crois utile de prendre les dispositions suivantes, afin d'ordonner, comme il me plaît, le partage de ma fortune dans le cas où je viendrais à succomber.

» Je prie messieurs Gaston d'Arteville et Sylvain, mes amis et mes témoins, de vouloir bien les respecter et de se charger de leur exécution.

» Ma fortune s'élève à deux millions en propriétés; j'en donne la moitié à mes parents. La part de chacun sera proportionnée à son degré de parenté avec moi. Je désire qu'un quart soit affecté au bien-être des pauvres d'Erclange et à l'entretien du château patrimonial de ma famille, dont je lègue la propriété à mon cousin Henri d'Erclange, qui devient, par ma mort, le chef de la famille. Je distribue les cinq cent mille francs restants, consistant en chevaux, bœufs, moutons, équipages de chasse, mobilier, etc., de la manière suivante :

» 1° A M. Gaston d'Arteville, mon camarade de collége et mon ami d'enfance, deux cent cinquante mille francs ;

» 2° A M. le docteur Sylvain, pour qui j'éprouve une sympathie particulière, cent mille francs.

» Je veux que les cent cinquante mille francs restants soient donnés à la jeune fille connue par moi sous le nom de Suzanne Durouget, qui a été l'involontaire cause de ma querelle. Cette somme sera sa dot et ne lui sera remise que le jour de son mariage avec celui qu'elle choisira. En attendant cette époque, la demoiselle Suzanne en touchera mensuellement les revenus. Dans le cas où la conduite de cette jeune fille ne répondrait pas à la bonne opinion que les quelques instants que j'ai passés dans sa

compagnie m'ont donnée d'elle, ce legs deviendrait
nul, et retournerait aux pauvres d'Erclange avec la
somme mentionnée plus haut.

» Fait sain de corps et d'esprit, à Paris, ce 21 décembre 184...

» HENRI-GABRIEL-RODOLPHE D'AVRY,<br>» comte D'ERCLANGE. »

Ayant terminé ce testament olographe, Rodolphe
le mit dans une enveloppe qu'il cacheta avec une
bague gravée à ses armes, et écrivit la suscription
que voici :

« A messieurs Gaston d'Arteville et Sylvain, pour
être ouvert après ma mort. »

Le docteur et d'Arteville rentrèrent.

— Eh bien ? leur dit Rodolphe.

— M. Durouget offre des excuses.

— Je ne puis les accepter, tout en rendant hom-
mage à sa courtoisie, répondit Rodolphe.

— Mais tu n'y penses pas, fit Gaston.

— Tu crois ; si fait, j'y pense et beaucoup, répliqua
le comte ; mais des excuses n'effacent point une
insulte... Ce monsieur m'a gravement offensé, il
faut que le combat ait lieu.

— Il me semble, fit Sylvain, que votre querelle

n'est point assez sérieuse, mon cher comte, pour que vous ne puissiez pas vous contenter des excuses de M. Durouget.

— Et moi, mon cher Sylvain, il me semble que ce monsieur mérite une leçon, et je désire la lui donner. Je ne veux pas le punir pour l'injure qu'il m'a lancée au visage, mais pour avoir voulu déshonorer une jeune fille mise en léthargie par ses ordres. Allez porter mon refus aux témoins de mon adversaire, et tâchez que nous puissions en finir le plus tôt possible.

— Soit! puisque tu le veux. Descends avec nous, tu n'as que faire ici, dit Gaston.

— Je vous suis, répondit d'Erclange.

Un instant après, Rodolphe s'étant retiré dans la salle à manger, après avoir suivi ses témoins au rez-de-chaussée, Sylvain et d'Artevillere joignirent Finet et de Chambly qui attendaient dans le petit salon.

— M. le comte d'Erclange n'accepte pas les excuses de M. Durouget, dit Sylvain aux témoins du boursier; le duel est donc inévitable.

— En ce cas, fit de Chambly, il ne nous reste plus qu'à en régler les conditions.

— Messieurs, dit Gaston, l'insulte n'étant pas des plus graves, je crois qu'il est de notre devoir d'arrêter le combat au premier sang.

— C'est notre avis, dit Finet. — Une saignée ne

fera pas de mal à ce butor de Durouget qui me tarabuste toujours, pensa-t-il tout bas.

— Reste le choix des armes.

— Je propose l'épée ; le fleuret est une arme fort dangereuse : sa blessure quadrangulaire, étroite, provoque souvent l'hémorrhagie interne, dit Sylvain. Qu'en pensez-vous, messieurs ?

— Nous sommes de votre avis, docteur, répondit de Chambly. Nous allons prévenir M. Durouget.

De Chambly et Finet allèrent rejoindre le boursier, à qui ils firent part de l'insuccès de leur démarche conciliante et en même temps des armes choisies par eux.

Durouget, qui, sans être un héros, ne manquait pas de bravoure, répondit :

— Je suis prêt.

Gaston sortit du petit salon et alla donner ordre à Louis de ne laisser entrer personne au rez-de-chaussée. Tout cela avait pris moins de temps qu'il ne nous en faut pour le raconter ; et lorsque les quatre témoins et les deux adversaires se trouvèrent réunis dans la salle à manger, lieu choisi pour le combat, la pendule en marqueterie de Boule, qui ornait la cheminée, sonna dix heures.

La table fut glissée dans le petit salon. Une natte de paille fut étendue sur le parquet ciré afin d'empêcher les combattants de glisser.

D'Erclange et le boursier échangèrent un salut froid, mais poli.

Gaston apporta des épées de combat, parfaitement équilibrées, épées qu'un tireur de première force, M. O'Connell, lui avait données. Une large coquille en garnissait la poignée, garantissant la main du tireur, et des lames de Solingen, souples et polies, en faisaient de coquets instruments de mort.

Rodolphe et Durouget mirent habit bas. Les témoins mesurèrent les épées.

Sylvain en donna une au comte, de Chambly remit l'autre à Durouget.

Les deux adversaires se mirent en garde. Gaston croisa les épées et prononça le solennel : Allez, messieurs ! puis le combat commença.

Rodolphe attendit d'abord l'attaque; mais, voyant que son adversaire avait adopté le même système, il se décida à devenir l'agresseur.

Après quelques passes, Durouget rompit si bien qu'il fallut faire cesser le combat et replacer les combattants.

Sur l'ordre de Gaston, expert en matière de duel, et à qui la direction du combat avait été confiée, on recommença.

A la première botte poussée vigoureusement par Rodolphe, Durouget lâcha son épée et s'affaissa sur le parquet.

La terreur se répandit sur tous les visages ; Rodolphe lui-même devint pâle en voyant tomber.le boursier.

Alors le docteur Sylvain se pencha sur le blessé, ouvrit sa chemise, examina et sonda la blessure, puis se tournant vers les jeunes gens muets et consternés :

— Ce n'est rien, dit-il, l'épée a glissé sur une côte ; le froid du fer l'a fait évanouir, mais dans trois jours il sera sur pied, j'en réponds.

Cette déclaration rassura tout le monde, et on allait prendre les dispositions nécessaires pour transporter Durouget chez lui dès qu'il aurait repris ses sens, lorsque retentit dans l'hôtel un grand cri poussé dans la chambre où dormait Suzanne.

Rodolphe, encore l'épée à la main, se précipita hors de la salle à manger ; Gaston le suivit.

Arrivé dans le grand salon du premier étage, le comte vit la porte de la chambre ouverte et aperçut sur le seuil une jeune femme qu'il ne connaissait pas.

Gaston, qui suivait son ami, la reconnut lui, et aussitôt, joyeux et intrigué, il se hâta de descendre, afin de laisser Rodolphe en tête à tête avec elle.

Cette femme était Maritana.

# XII

## L'arrestation.

Tandis que le comte d'Erclange se faisait le protecteur de Suzanne à l'hôtel d'Arteville ; à l'heure où les rues de Paris ne sont encore parcourues que par les maraîchers, les balayeurs et ceux qui se couchent lorsque les autres s'éveillent ; en un mot, au moment où sept heures sonnaient à l'église Notre-Dame de Lorette, un fiacre s'arrêtait devant la maison de la rue de la Victoire qu'habitait Guduel.

On dit matinal comme un coq ; ajoutons : matineux comme un garde du commerce ; pourtant là où allaient les recors, ils étaient sûrs de trouver la pie au nid ; mais l'habitude est une seconde nature, et, comme les exécutions à mort, les arrestations s'opèrent presque toujours à l'aube.

Le fiacre dont nous venons de parler était l'anti-chambre de Clichy ; l'herbier de M. Valentin.

M. Célestin, en voyant descendre de la voiture quatre personnes, poussa la tête hors de sa loge et adressa un gracieux sourire à M. Valentin, en disant : « Montez, montez, messieurs ! » puis il rentra dans ce qu'il appelait son appartement, et alla apprendre à la revêche Zoé, encore inconsolée de sa déception à propos du tartan, que l'heure des représailles était arrivée.

La mégère grimaça un pâle sourire à son mari et lui tendit son front sur lequel M. Célestin, oubliant l'incident de la soupe renversée, daigna poser ses lèvres.

Pendant ce temps, M. Valentin et ses trois compagnons montaient l'escalier. Quelques instants après, on frappa chez le comte de Martos.

— Qui est là ? demanda Maritana, à travers la porte.

— Mademoiselle, c'est une lettre très-pressée pour M. Martos, répondit-on.

— Une lettre ? répéta Maritana ne reconnaissant pas la voix de la personne qui venait de parler.

— Oui, mademoiselle, une lettre que je ne puis remettre qu'à M. Martos lui-même, ajouta la voix.

— Entrez alors, monsieur, répondit Maritana.
Et elle ouvrit.

Deux hommes pénétrèrent dans l'appartement.

Un sombre pressentiment s'empara de Maritana.

— Que voulez-vous, messieurs? dit-elle aux arrivants.

— Oh! peu de chose, répondit l'un d'eux. Il s'agit d'une simple formalité à remplir. M. Martos est-il là?

— Oui, monsieur; mais mon père est malade, fort malade, et vous ne pouvez le voir en ce moment.

— Il le faut pourtant, mademoiselle.

— Mais, c'est impossible.

— Oh ! pour d'autres, mais pas pour moi.

— Qui êtes-vous donc, monsieur ?

— Je suis le commissaire de police.

— Et vous voulez parler à mon père?

— Ce n'est pas moi, c'est monsieur.

Et le commissaire montra M. Valentin qui, suivi de Loustalou, venait de pénétrer dans la chambre.

Robert était entré avec le commissaire. Le personnel de l'arrestation était au complet.

— Monsieur? demanda Maritana, en répétant le dernier mot prononcé par l'officier public et en jetant un regard sur M. Valentin.

— Oui, monsieur, répondit le commissaire.

17

— Et pourquoi?

— Il le lui dira lui-même.

— Ah! messieurs, s'écria Maritana, ne cherchez pas à m'abuser plus longtemps; vous venez arrêter mon père?

— Pas précisément, mademoiselle, répondit M. Valentin; nous sommes simplement chargés de recouvrer une somme de deux cent cinquante francs, due par M. Martos à M. Bertrand, son propriétaire, pour cinq mois de loyer du garni que vous habitez. Si monsieur votre père paye, il n'a rien à craindre.

— Et s'il ne peut payer, monsieur?

— Dam! alors...

— Ah! messieurs, par grâce, par pitié, n'allez pas plus loin. Mon pauvre père est bien souffrant; la moindre émotion peut lui être fatale. Nous n'avons rien, plus rien; votre démarche est inutile. Que M. Bertrand attende. Je suis forte, je suis active, je travaillerai davantage pour le satisfaire; mais, de grâce, retirez-vous, au nom de l'humanité, que mon père ignore votre venue.

— Ce que vous nous demandez-là est malheureusement impossible, mademoiselle, répondit M. Valentin à qui s'adressaient particulièrement les supplications de Maritana. Notre mission a des règles dont nous ne pouvons en aucun cas nous écarter. — Entrons, monsieur le commissaire.

Maritana leur barra le passage.

— Je vous en supplie, répéta-t-elle.

— Pour vous et pour nous-mêmes, ne nous forcez pas à recourir à la force ; faites-nous place, mademoiselle ; je vous le répète, il le faut.

La comtesse baissa tristement la tête et quitta la porte de la chambre de son père, dans laquelle M. Valentin et le commissaire pénétrèrent.

Le bruit qu'ils firent en y pénétrant éveilla le comte.

— Maritana, quels sont ces messieurs ? dit-il à sa fille.

M. Valentin ne laissa pas à la jeune femme le temps de répondre.

— Vous allez le savoir, monsieur, dit-il à Guduel. Nous sommes chargés de faire rentrer une somme de deux cent cinquante francs, que vous devez, d'après ces quittances dûment légalisées, à M. Bertrand, votre propriétaire. Pouvez-vous la payer ?

— Hélas, non, monsieur, pas pour le moment. Ma maladie a épuisé mes modestes ressources ; mais, dès que j'irai mieux, le premier argent que me rapporteront mes leçons sera pour M. Bertrand ; je vous le promets.

— Nous n'en doutons pas, monsieur Martos ; seulement M. Bertrand ne peut attendre ; il veut être payé de suite.

— Mais, je vous répète, monsieur, que je ne puis m'acquitter pour le moment.

— En ce cas, ne vous étonnez pas de la pénible mission qu'il nous faut accomplir.

— Que voulez-vous dire, monsieur?

— Qu'au nom de la loi, je vous arrête.

— M'arrêter! s'écria Guduel d'une voix altérée ; m'arrêter, moi! répéta-t-il. — Suis-je donc un malfaiteur?

— Oh ! certes non, répondit M. Valentin ; vous êtes simplement un débiteur. Aussi ne vous mènerons-nous pas en prison, mais tout bonnement à la maison d'arrêt pour dettes.

— Et dans quel but? dans quel espoir? Croyez-vous donc que je cache mon argent et que je simule l'indigence, la misère même pour ne point payer... Et vous voulez me séparer de ma fille, de ma noble Maritana; je l'abandonnerais seule, sans asile... Non... cela est impossible!... N'est-ce pas, messieurs, cela ne peut être?

— Nous ne pouvons, malheureusement, pas raisonner avec vous, monsieur Martos, répliqua M. Valentin ; notre mission est toute passive, et l'acquit de votre dette peut seul nous empêcher de l'accomplir.

— Ah! messieurs, s'écria la comtesse en se posant entre le lit du malade et M. Valentin, les lois, toutes rigoureuses qu'elles soient, faiblissent et s'atténuent devant certains malheurs. Vous voyez mon père, il est bien faible, et pour le mener en prison, il faudrait l'y porter...

— Que cette considération ne vous effraye pas, mademoiselle ; monsieur votre père ne devra point marcher, nous avons une voiture... Cela regarde M. Bertrand, répondit M. Valentin d'un ton de bienveillance d'une naïve cruauté.

— Mais encore, objecta Guduel, dont l'agitation redoublait à chaque instant malgré tous les efforts que faisait Maritana pour le calmer, avant que de recourir à de semblables moyens, on doit prévenir : le coup ne doit point frapper avant la menace. M. Bertrand ne m'a jamais réclamé impérieusement la somme que je lui dois.

— C'est ce qui vous trompe, mon pauvre père ; mais je vous l'ai caché jusqu'à présent, dit Maritana en fondant en larmes.

— Ma pauvre enfant, fit simplement Guduel.

— Du reste, reprit M. Valentin, nous sommes parfaitement en règle. Voici la requête présentée à M. le président, qui nous autorise à vous arrêter sur l'heure, en votre qualité d'étranger.

— Que M. Bertrand vienne ici, répondit Guduel ; si ce n'est point un tigre, il suspendra l'exécution de ce mandat. On ne peut vouloir me séparer de mon enfant.

17.

— M. Bertrand n'est pas à Paris, aujourd'hui, répliqua M. Valentin, et, je vous le répète, nous sommes en règle.

— Dépêchons, monsieur Valentin, mon temps est précieux, dit le commissaire; il faut en finir, pourtant.

— Soit, fit Guduel en entendant cette phrase, je vais vous suivre.

Disant cela, le comte fit un suprême effort pour se soulever,-mais, complétement épuisé par les violentes émotions qu'il venait de ressentir, il retomba lourdement sur l'oreiller en murmurant d'une voix faible :

— Je ne peux pas, messieurs... vous... le voyez... je... ne peux... pas!

— Ah! mon père, mon pauvre père, s'écria Maritana en se précipitant sur Guduel, dont elle couvrit le visage de baisers et de larmes.

— Calmez-vous, mademoiselle, dit M. Valentin. Nous donnerons à M. Martos tout le temps nécessaire pour qu'il puisse retrouver la force de s'habiller et de nous suivre.

— Allons, Maritana, dit Guduel en articulant chaque mot après un effort, sèche... tes larmes... ces messieurs ont raison. Dans un instant, je serai mieux.

Le commissaire et M. Valentin allèrent s'asseoir

à l'écart. Maritana, absorbée dans les plus pénibles réflexions, près du lit de Guduel, resta la tête baissée.

Cinq minutes s'écoulèrent ainsi. Tout à coup une idée subite vint à la jeune comtesse.

— Messieurs, dit-elle à voix basse en quittant le chevet du malade et en s'adressant au commissaire et à M. Valentin, ne pouvez-vous pas nous accorder quelques heures?

— Espérez-vous pouvoir payer, mademoiselle?

— Oui, répondit résolûment Maritana.

— Et quel temps demandez-vous?

— Jusqu'à midi, le temps nécessaire pour voir les personnes sur l'aide desquelles il m'est permis de compter.

— Nous vous l'accordons.

— Ah! merci, merci, messieurs, fit Maritana avec effusion.

La noble créature, se sentant maîtresse de ce répit, croyait pouvoir tout conjurer.

— Mon père, dit-elle en retournant au lit du comte, ces messieurs sont bons, ils nous accordent un délai, remerciez-les, mon père.

Guduel ne répondit pas. Maritana se pencha vers lui et s'aperçut que, succombant à la fatigue que lui avait causée la scène qui venait de se passer, il s'était endormi.

— Il repose ; ah ! tant mieux, se dit-elle.

Puis, s'approchant du garde du commerce :

— Passez, je vous prie, dans la salle voisine, monsieur.

— Ce que vous demandez là ne nous est pas permis, mademoiselle, répondit M. Valentin ; nous ne pouvons quitter un seul instant la personne arrêtée.

— Ah ! monsieur, ne me refusez pas cette dernière faveur. Regardez cette chambre, elle n'a point d'issue. Vous ne pouvez craindre que mon père puisse vous échapper. D'ailleurs, je vous engage ma parole pour lui qu'il ne tentera rien dans ce but.

En prononçant ces derniers mots, Maritana se montra bien la fille des comtes de Martos.

Vaincus par l'air sincère et résolu de la jeune femme, M. Valentin et le commissaire se retirèrent dans la chambre, où Loustalou et Robert attendaient patiemment.

Maritana, restée seule près du comte, mit son chapeau à la hâte, s'enveloppa dans une mantille noire et, après avoir baisé la main de son père, gagna précipitammant la porte en disant à M. Valentin :

— Avant midi, vous serez payé, monsieur.

Le garde du commerce la retint.

— Pardon, lui dit-il. Mais savez-vous quelle somme il vous faut pour cela?

— Oui, deux cent cinquante francs, vous me l'avez dit.

— Pour le principal, c'est vrai; mais vous devez à cette heure les frais d'arrestation et d'ordonnance, légalisation des pièces, etc. Il vous faut donc trouver quatre cent cinquante francs environ pour délivrer votre père.

— Tant que cela, fit Maritana.

— Hélas, oui, répondit M. Valentin en ébauchant un soupir.

— N'importe, Dieu m'inspirera, se dit la fille de Guduel. Vous serez payé, monsieur.

Et Maritana disparut.

Lorsque l'officier public, le garde du commerce, Robert et Loustalou se trouvèrent seuls dans la première chambre du logement du comte, ils se regardèrent tous les quatre d'un air assez contrarié en semblant se dire :

— Qu'allons-nous faire jusqu'à midi ?

M. Valentin prit la parole :

— Je crois que nous ferions bien de profiter du temps que nous avons accordé à cette demoiselle, dit-il, pour tâcher de faire une autre capture. — Qu'en pensez-vous, monsieur le commissaire?

— Je suis de votre avis, répondit ce dernier.

— J'ai justement sur moi l'un des dossiers de M. Mouginot, reprit le garde du commerce. Il ne demeure pas loin d'ici ; c'est un paresseux, il doit être encore couché ; nous le trouverons sans doute.

— Allons-y en ce cas.

— Oui, répondit le garde du commerce. Loustalou, ajouta-t-il, tu resteras pour garder cet Espagnol ; nous nous presserons et nous serons toujours ici avant le retour de sa fille.

— Bien, patron, je ne bougerai pas plus que l'obélisque, répondit Loustalou en s'installant sur une chaise, près de la porte de la chambre de Guduel.

Le commissaire et M. Valentin descendirent, suivis de Robert.

Lorsqu'ils passèrent devant la loge, M. Célestin en sortit.

— Eh bien, monsieur Valentin, vous partez. Aurait-il payé ?

— Pas encore, mais sa fille est allée chercher de l'argent.

— Ah ! fit M. Célestin rassuré. Ah ! reprit-il, elle est allée chercher de l'argent ! vraiment ?... Elle n'en trouvera pas.

— Elle nous a affirmé le contraire, et nous n'avons pu lui refuser quelques heures.

— Vous êtes trop bon, monsieur Valentin, répliqua le portier.

— C'est dans les habitudes, objecta le garde du commerce.

— Ah! du moment que *c'est les usages,* fit M. Célestin, il faut s'y conformer; et quand reviendrez-vous?

— Bientôt; nous n'allons pas loin.

— En ce cas, à tantôt, messieurs.

Et M. Célestin dénuda son crâne chauve.

— Monsieur le commissaire, j'ai bien l'honneur... fit-il.

Et il s'inclina jusqu'à terre devant l'officier public, dont l'écharpe tricolore lui avait toujours inspiré le plus profond respect.

M. Valentin et ses deux compagnons passèrent.

A peine avaient-ils franchi le seuil de la porte cochère, que quelqu'un les rappela. C'était M. Célestin.

— Monsieur Valentin!... monsieur Valentin!... Mille pardons... un mot.

— Que voulez-vous encore?

— Si M. Martos s'enfuyait; c'est imprudent, ce que vous faites-là, de le quitter. Je n'ai point qualité pour l'arrêter, malgré tout mon dévouement aux intérêts du propriétaire.

— Un de mes hommes est resté là-haut, et du reste cela ne regarde que moi, je suis responsable, répliqua le garde du commerce que le portier commençait à agacer fortement.

— Fort bien, fort bien, balbutia M. Célestin interdit.

Puis ayant de nouveau exhibé sa calvitie, il laissa les trois hommes poursuivre leur chemin, et alla conter à Zoé les craintes que venait de lui inspirer leur retraite.

# XIII

**La carte de visite.**

Maritana, en quittant ceux qui venaient de lui révéler la façon dont M. Célestin avait tenu ses promesses de vengeance, se dirigea vers la demeure du docteur Sylvain.

Mille pensées assaillaient la jeune femme. Malgré tout son désir de conjurer l'orage et d'arracher son père des mains des recors, elle ne put se dissimuler les difficultés énormes qu'il lui fallait vaincre pour y arriver. La somme indispensable pour délivrer le comte était une petite fortune pour la pauvre femme; pourtant il fallait qu'elle la trouvât en quelques heures.

Comprenant les obstacles qu'elle rencontrerait

en cherchant à se procurer cet argent, en allant chez Sylvain, elle espérait que le médecin pourrait toujours, momentanément, s'opposer à ce qu'on transportât le comte à Clichy, en déclarant son état de maladie.

Elle se disait aussi que, n'ayant plus à marchander avec ses scrupules vis-à-vis des événements présents, si le médecin ne pouvait suspendre le cours de la justice, en apprenant l'arrestation de Guduel, il viendrait peut-être pécuniairement à son aide, et qu'en tous cas elle lui en ferait la demande formelle, le suppliant de sauver son père.

Toutes ces résolutions n'aboutirent à rien. On sait que Sylvain était en ce moment à l'hôtel d'Arteville.

Le domestique de Sylvain ne put dire à la jeune comtesse où était son maître, ni à quelle heure il rentrerait; tout en lui faisant croire, d'après une consigne sévère, permanente en pareil cas, que le docteur était sorti de grand matin.

— Puis-je lui écrire un mot? dit Maritana.

— Oui, mademoiselle, veuillez passer dans le cabinet de monsieur, répondit le domestique en introduisant la jeune femme dans un petit salon carré, dont les murs étaient recouverts par une énorme bibliothèque quadrangulaire surmontée des bustes d'Hippocrate, d'Esculape, de Platon, de Cuvier, d'Hannemann et de Broussais, et dont les rayons regorgeaient de volumes scientifiques.

— Mettez-vous là, au bureau de monsieur, vous y trouverez tout ce qu'il faut pour écrire, mademoiselle.

Maritana s'assit devant le meuble que le valet lui désignait, et fit une courte lettre, dans laquelle elle apprenait à Sylvain l'arrestation de son père, le suppliant, au nom du devoir et de l'humanité, d'accourir au plus tôt rue de la Victoire.

Cette lettre achevée, Maritana la donna au domestique en lui disant :

— Remettez ceci à votre maître, dès qu'il rentrera, sans perdre une minute, sans attendre une seconde ; il s'agit de la vie de quelqu'un.

— Fort bien, répondit le valet d'un ton froid, la recommandation de Maritana ne l'émotionnant que médiocrement, accoutumé qu'il était à en entendre de semblables chaque fois qu'un malade réclamait impérieusement et sur l'heure les soins de son maître.

Maritana sortit de chez le docteur et courut rue Chaptal, chez M. Bertrand.

— Malgré ce que m'a dit cet homme, pensait-elle en songeant à M. Valentin, M. Bertrand est peut-être chez lui ; c'est une excuse, un prétexte. Je le verrai, je le supplierai, je me jetterai à ses genoux. Il ne sait pas la vérité, sans doute... Oh !

non ! s'il la savait... serait-il aussi cruel? Eh bien, je lui dirai tout, mes larmes le convaincront; je lui dirai de me prendre, moi, de me mettre en prison s'il le faut... mais de ne point y traîner mon pauvre père malade...

La bonne qui vint ouvrir à Maritana, lorsqu'elle fut arrivée chez M. Bertrand, lui répondit que ce dernier y était, et lui demanda son nom.

Dans son trouble, la comtesse ne songea pas à le cacher, aussi répondit-elle :

— Annoncez mademoiselle Martos.

Quelques instants s'écoulèrent, la bonne revint.

— Je m'étais trompée, mademoiselle, dit-elle à la comtesse, monsieur n'est pas chez lui.

— Oh ! il y est, ne cherchez pas à m'abuser, s'écria Maritana; votre maître redoute ma visite, mais retournez auprès de lui, je vous en supplie en grâce; priez-le de me recevoir; au nom du ciel, faites cela, vous aurez fait une bonne action.

La Bretonne à qui s'adressait ce discours suppliant regarda Maritana tout étonnée.

— De grâce, poursuivit la fille de Guduel, ne me refusez pas.

— Je vais voir encore, répondit la bonne, parler à madame... elle s'est peut-être trompée.

Et elle rentra dans l'appartement.

M. Bertrand déjeunait. En entendant annoncer

la fille de l'homme qu'il avait donné l'ordre d'arrêter, il s'était douté que la chose était faite, et que la jeune femme venait le supplier de faire relaxer son père.

Fort peu désireux de subir une scène dont il prévoyait tous les ennuis, étant formellement décidé, sur ce que lui avait dit le portier Célestin, à n'accorder aucun délai à son débiteur, M. Bertrand s'était dit absent; aussi fut-il fort étonné en entendant la bonne qui venait de rentrer lui dire :

— Monsieur, cette dame ne veut pas partir sans vous avoir vu; elle a l'air fort troublée, fort en peine même... cela fait mal à voir.

— Oui, des jérémiades... je connais ça. Vous ne lui avez donc pas dit que j'étais sorti?

— Si fait, monsieur; mais... elle m'a tant fait pitié que je suis revenue prier monsieur...

— Vous êtes une sotte, répliqua M. Bertrand en interrompant sa domestique; je n'y suis pas, je vous le répète.

La bonne, tout interdite, retourna dans l'antichambre.

— Monsieur est bien sorti, dit-elle à Maritana.

— Eh bien! je l'attendrai.

— Oh! cela serait inutile... Dieu sait quand il rentrera.

18.

— Je ne vous demanderai plus qu'une chose, mademoiselle, reprit Maritana d'une voix altérée, et je vous supplie de ne point me refuser : c'est d'être franche avec moi. M. Bertrand est chez lui et ne veut pas me recevoir, n'est-ce pas?

— Mais...

— Je vous en supplie... dites-moi la vérité.

— Eh bien... oui, puisque vous le voulez.

— Il suffit... merci, fit Maritana, et elle gagna la rue faisant de grands efforts pour ne point fondre en larmes.

Le grand air, le froid lui rendirent un peu de calme.

— Que faire? se dit-elle. Cet homme sera inflexible, puisqu'il n'a même pas voulu m'entendre... Il n'y a donc plus qu'un moyen pour sauver mon père... payer... mais comment?

Une idée lui vint. Elle se rappela l'adresse d'un ancien ami du comte, riche Espagnol, qui demeurait rue Grenelle-Saint-Germain.

Mais le temps se passait vite et c'était bien loin. Maritana arrêta un coupé maraudeur qui passait et, jetant l'adresse de l'ancien ami de son père au cocher, elle y monta.

Ce fut encore une démarche inutile : le riche Espagnol était en Italie depuis trois mois.

Maritana se fit alors conduire au magasin de la rue d'Amsterdam où on lui donnait du travail.

C'était son dernier espoir, sa dernière ressource.

En la voyant arriver en voiture, la patronne, tout étonnée, lui demanda ce qui l'amenait.

— Madame Masson, je voudrais bien vous parler seule, répondit Maritana.

Intriguée par ce désir, la patronne, qui avait l'habitude de recevoir ses ouvrières du dehors devant celles qui travaillaient chez elle et desservaient le magasin, introduisit la jeune comtesse dans l'arrière-boutique.

— Parlez, mademoiselle Martos, lui dit-elle, lorsqu'elle eut fermé la porte; parlez... je vous écoute.

— Madame, dit Maritana, un affreux malheur vient de nous arriver... Mon père...

— Serait-il plus malade?

— Non, ce n'est pas cela... mais il est arrêté.

— Arrêté! répéta la patronne en fronçant le sourcil, croyant qu'il s'agissait d'une affaire judiciaire.

— Oui, arrêté... reprit Maritana, et si vous ne venez à notre aide... on va conduire mon pauvre père en prison.

— Mais que puis-je à cela; je ne puis suspendre le cours de la justice.

— Vous ne m'avez pas comprise, madame; mon père est arrêté pour dettes.

— Et c'est pour cela que vous vous désolez, mon enfant? Mais à Paris cela arrive tous les jours.

— Oui, mais il est malade, lui, mourant presque, et si on le mène dans cette affreuse prison qu'ils appellent Clichy, il mourra, j'en suis sûre.

— Vous vous exagérez les choses, ma chère petite; c'est fâcheux, c'est un désagrément grave, je le reconnais, mais ce n'est qu'un désagrément.

— Ah! madame, ne me parlez pas ainsi, je n'aurais pas le courage de tout vous dire.

— Voyons, je me tais, continuez.

— La somme qu'il doit n'est pas énorme; je viens vous supplier de payer pour lui.

— Payer pour lui!...

— Oui. Oh! mais ce n'est pas l'aumône que je vous demande. En six mois, je travaillerai en conséquence, je pourrai m'acquitter envers vous, et je vous le jure, je le ferai, madame.

— Je le crois, mademoiselle Martos, mais le commerce a ses exigences, et, en ce moment, on me doit beaucoup...

— Oh! madame, je vous bénirai... ne me refusez pas... ma vie ne suffira pas à vous prouver toute ma reconnaissance... car vous ne savez pas... mon père... c'est tout pour moi. Je l'aime tant... mon pauvre père!

Et Maritana, n'étant plus maîtresse de son émotion, s'affaissa sur une chaise, en fondant en larmes.

Madame Masson la considéra un instant en silence, et, comme ce n'était pas une méchante femme au fond, elle finit par prendre la main de Maritana en lui disant :

— Voyons, mon enfant... quelle somme vous faut-il ?

— Ah ! vous consentez ; merci, merci, madame.

— Je n'ai point dit cela, reprit madame Masson. Répondez d'abord à ma question. Combien votre père doit-il ?

— Deux cent cinquante francs, madame, mais il en faut quatre cent cinquante pour le délivrer.

— Quatre cent cinquante francs, fit la marchande... c'est impossible !...

— Vous me refusez ?

— Je le dois, je n'ai pas cette somme ici. J'ai donné mon dernier billet de mille francs hier pour payer un retour ; je ne puis rien pour vous.

— Ah ! madame, faites un suprême effort, je vous en prie à genoux, dit Maritana saisissant les mains de madame Masson, en se traînant à ses pieds.

— Vos larmes et vos prières sont inutiles, ma pauvre petite... Je ne puis réellement pas vous venir en aide... Allez voir le créancier de votre père, votre désespoir le fléchira, j'en suis sûre.

— Adieu, madame, répondit Maritana sans répondre à la marchande ; et elle remonta en voiture, où elle tomba sur les coussins en se disant :

— Dieu m'abandonne, mais, n'importe, je mourrai plutôt que de ne pas délivrer mon père.

Deux heures s'étaient écoulées depuis qu'elle avait quitté la rue de la Victoire ; elle se fit reconduire chez Sylvain ; mais le docteur n'était pas encore rentré.

Alors morne, découragée, songeant à l'heure fatale qui s'avançait à grands pas, elle reprit place dans la voiture avec des allures qui tenaient plus de l'automate que d'une créature vivante.

— Rien, rien, se dit-elle, et la prison... la mort pour lui. Oh ! mon pauvre père !

Ses larmes coulant lentement baignaient son beau visage ; toute à sa douleur, elle avait perdu la conscience de ce qui se passait autour d'elle. Une terrible et unique pensée groupait toutes ses forces en un désespoir qui l'isolait complétement, ne trouvant rien, n'espérant rien qui puisse alléger sa torture.

La voix du cocher la tira de cette cruelle torpeur.

— Où faut-il vous mener, maintenant, la bourgeoise ? fit cet homme.

Maritana releva la tête et ne répondit pas ; elle tira son mouchoir et s'essuya les yeux.

Le cocher renouvela sa question.

— Je ne sais, balbutia Maritana, du ton qu'elle aurait employé pour répondre : — « A la Seine ! »

Car elle songeait vraiment à mourir.

— Ah çà, qu'est-ce qu'elle a donc, cette jeunesse? se dit le cocher. Je parie que son amoureux lui a fait des farces. Je ne puis pourtant pas passer ma journée ici. Voyons, essayons encore.

Et, pour la troisième fois, il demanda à la comtesse où elle voulait qu'il la conduisit?

En ce moment, les yeux baissés de Maritana s'arrêtèrent sur une carte de visite qu'elle avait fait tomber de sa poche en en tirant son mouchoir pour essuyer ses pleurs. Elle la ramassa.

Après l'avoir lue, un frisson parcourut tout son être. Un combat terrible se fit en elle, toutes ses fibres tressaillirent à se briser, et comme le cocher, impatienté et ne comprenant rien au mutisme qu'elle gardait, répétait pour la quatrième fois :

— Madame, où donc faut-il aller?

— Là, lui répondit Maritana en lui donnant la carte de visite et en s'abîmant au fond de la voiture, qui, un instant après, partit au grand trot.

Cette carte de visite était celle du comte d'Er-clange, portant l'adresse de l'hôtel d'Arteville.

# XIV

**Le Marché.**

Maritana arriva rue d'Aumale au moment où Durouget et d'Erclange croisaient le fer.

Ce fut Louis, le valet de chambre de Gaston, qui la reçut.

— M. le comte d'Erclange, demanda Maritana qui ne pleurait plus, mais dont la pâleur et l'agitation étaient extrêmes.

— Il est ici, mademoiselle, lui répondit le valet de chambre.

— Il faut que je lui parle à l'instant même.

— Cela est impossible pour le moment.

— Il le faut pourtant.

— M. le comte ne peut vous recevoir ; ces messieurs ont passé la nuit, et je doute que vous puissiez le voir. Du reste, j'ai l'ordre formel de ne point déranger mon maître, qui est enfermé avec ses amis au rez-de-chaussée.

— Eh bien, j'attendrai que le comte soit visible. Pouvez-vous m'introduire dans son appartement?

— Je ne sais, M. le comte sera peut-être mécontent si je fais ce que vous me demandez-là.

— Oh! non pas, il m'attend, fit Maritana, qui voulait voir Rodolphe à tout prix.

— En ce cas, c'est différent ; veuillez monter, mademoiselle.

Et Louis, faisant passer la comtesse devant lui, l'introduisit dans le grand salon où se trouvaient encore les débris du festin.

Les enivrants parfums de cette nuit d'orgie achevèrent d'exalter Maritana.

S'efforçant d'échapper au cri de sa conscience qui se faisait entendre, malgré le filial motif qui la faisait agir, fuyant la terrible pensée qui lui avait été inspirée par la carte de visite de Rodolphe, elle marchait l'œil en feu, la gorge sèche, le front pâle, sans vouloir se rendre compte de ce qu'elle venait faire dans cette maison, qu'elle considérait comme un lieu infâme où les plus mauvaises passions s'assouvissaient quotidiennement sans frein et sans trève.

Le désordre qui régnait dans la salle où elle venait de pénétrer était bien fait, du reste, pour lui inspirer ces pensées.

La table, dont la nappe tachée de vin démontrait l'intempérance des convives qui y avaient pris place, les chaises renversées, les plats en désordre, les réchauds découverts, et cette odeur de vins, de truffes et de fruits qui se répand dans les appartements après les saturnales gastronomiques, tout coïncidait à inspirer à Maritana la plus mauvaise opinion des habitants de l'hôtel.

La flamme de quelques bougies mal éteintes, et qui disparaissait en partie dans les bobèches des candélabres, luttait faiblement contre le jour brumeux qui pénétrait à travers des croisées dont les vitres ruisselaient de givre fondant au fur et à mesure qu'il venait s'y poser.

Un bracelet, oublié sur le divan, des épingles à cheveux jonchant le parquet, démontraient que des femmes avaient pris part au festin.

Enfin, le bol de punch à moitié vide répandait une odeur d'alcool qui montait à la tête et eût troublé un cerveau plus solide que ne l'était celui de Maritana, bouleversée.

Malgré son état fiévreux, la comtesse frissonna en jetant un regard sur les preuves irrécusables de l'orgie qui venait d'avoir lieu.

— Vous voyez, lui dit Louis, que ces messieurs ont soupé cette nuit. Aussi vais-je vous introduire dans l'appartement de M. le comte.

Il s'approcha de la porte de la chambre de Rodolphe; mais, lorsqu'il voulut l'ouvrir, il s'aperçut qu'elle était fermée à double tour et que la clef n'y était pas.

— Tiens, fit-il, que veut dire cela ?... Je ne puis ouvrir...

Puis se tournant vers la comtesse :

— Attendez un instant, mademoiselle, dit-il, je vais aller chercher la clef de cet appartement.

Il sortit, et Maritana s'assit sur un fauteuil près de la cheminée. Ses yeux s'arrêtèrent machinalement sur celle-ci, et elle aperçut la clef que Rodolphe y avait déposée.

Dans toute autre circonstance, elle ne l'eût point touchée, mais dans sa surexcitation, les choses les plus inusitées devaient lui paraître simples et naturelles.

Elle se leva, saisit la clef et, mue par une intuition étrange, elle ouvrit la chambre de Rodolphe.

Cette chambre était plongée dans une obscurité presque complète, les rideaux des croisées baissés retombaient luxueusement dans toute leur largeur.

L'atmosphère plus saine dans laquelle Maritana

pénétra rafraîchît son cerveau ; elle eut quelque peine à distinguer les objets, mais, guidée par le jour qui passait à travers la porte du salon qu'elle avait laissée ouverte, elle se dirigea vers une des croisées et en tira les rideaux.

Cela fait, elle se retourna et vit une femme élégante étendue sur le couvre-pied du lit.

Un souffle régulier, comme le murmure des vagues d'une mer calme, lui apprit que celle qu'elle venait d'apercevoir dormait profondément.

Elle voulut fuir d'abord; mais, mue par un secret instinct dont elle ne put elle-même se rendre compte, elle s'approcha du lit et distingua derrière le rideau baissé la blonde tête de la dormeuse.

Le nom de Suzanne passa dans sa pensée, mais il ne s'y arrêta pas ; cependant, ne pouvant imaginer une aussi parfaite ressemblance, elle souleva doucement la draperie et poussa un cri terrible.

— Ah ! c'est elle !... elle aussi !... ma pauvre *Souffrance !*

C'est ce cri qui avait fait monter Rodolphe, pendant que Sylvain s'apprêtait à sonder la blessure du boursier.

Suzanne se réveilla ou plutôt souleva un instant sa lourde paupière... et reconnut Maritana, mais comme dans un rêve dont la pensée ne l'avait point un instant quittée pendant toute la nuit.

— Maritana... murmura-t-elle par saccades... vous... vous aviez raison... la mort... la mort... vaut mieux.

Et sa tête retomba lourdement sur les coussins.

— Suzanne, Suzanne, fit la comtesse en se penchant vers elle, reviens à toi... réponds-moi... Comment te trouves-tu dans cette maison?... Sois franche... dis-moi tout... j'y suis bien, moi!

Mais l'ouvrière ne bougea pas, ses lèvres restèrent closes; elle s'était rendormie.

— Ah! dit Maritana... perdue, perdue aussi! Mais quel est donc cet homme infâme... ce comte qui se joue ainsi de l'honneur des femmes!... Ah! mon sacrifice n'en sera que plus méritoire.

Et, s'agenouillant, elle s'écria avec exaltation :

— Pardonnez-moi, mon Dieu! pardonnez-moi, mon père!

Elle sentit alors que ses forces l'abandonnaient; elle gagna péniblement la porte, et se trouva en face de Rodolphe qui venait d'entrer dans le grand salon.

Le comte, en voyant Maritana, jeta son épée; et, s'approchant d'elle, il l'écarta doucement, et entra dans la chambre où reposait Suzanne qu'il vit toujours calme et assoupie.

— Que s'est-il donc passé? dit-il à Maritana. Qui êtes-vous, madame?

— Vous ne me reconnaissez pas, monsieur, dit la comtesse avec froideur, quoiqu'elle tremblât de tous ses membres.

— Non... attendez pourtant... il me semble que je vous ai déjà vue... Ah! je me souviens, un soir, il y a six jours, rue de la Victoire.

— C'est cela.

— Mais que venez-vous faire ici?

— Vous me le demandez?

Et Maritana regarda le comte avec égarement.

— Oui, répéta Rodolphe.

— Eh bien, s'écria la comtesse, je viens me vendre!

Et elle fit un pas vers d'Erclange, qui recula stupéfait.

— Oui, reprit Maritana; ne m'avez-vous pas offert votre or?... Je l'accepte... me voici!...

L'exaltation de Maritana, redoublée par la vue de l'épée ensanglantée que le comte tenait à la main en arrivant, ne connaissait plus de bornes.

— Mais, fit Rodolphe, en voyant l'air hagard de la jeune femme... vous ne me connaissez pas... vous m'avez à peine entrevu... quel motif vous pousse à vous donner à moi?

— Me donner! reprit Maritana en élevant les bras au ciel et avec un indicible accent de suprême indignation; me donner! mais vous ne m'avez point comprise... Non, je ne viens pas me donner... je vous le dis encore... je viens me vendre!... entendez-vous?... me vendre!... comme elle, comme la pauvre Suzanne...

Et Maritana montra la jeune fille.

— Calmez-vous, de grâce, madame, répondit Rodolphe qui ne comprenait rien à ce qui arrivait, tellement les événements s'étaient précipités depuis la veille; revenez à vous. Il y a dans tout ceci un mystère que je veux connaître... Cette jeune fille est pure, ajouta-t-il en jetant un regard sur l'ouvrière... et je n'ai jamais fait bon marché de l'honneur d'une femme, je vous le jure.

Un sourire ironique fut la réponse de Maritana.

— Vous doutez? lui dit-il.

— Que m'importe! reprit-elle. Vous m'avez fait une offre, je l'accepte; vous m'avez tentée, je cède; le reste doit vous être indifférent.

Rodolphe se leva avec une dignité sans égale.

— Je suis gentilhomme, dit-il, et je vous jure sur mon honneur de gentilhomme que rien ne justifie ni vos soupçons, ni vos paroles.

Maritana fut frappée de l'accent noble et sincère de d'Erclange.

— Ah! dit-elle, je suis folle!

— Folle? fit Rodolphe.

— Oui, folle de chagrin et de douleur; depuis

trois heures je ne sais ce que je fais ni où je vais. Le destin me pousse, et j'accomplis, sans m'en rendre compte, ma triste et fatale destinée.

Rodolphe écoutait sans saisir complétement le sens de ces amères plaintes ; ses bons instincts lui révélaient pourtant qu'il n'avait point affaire à une créature perdue, mais à une femme malheureuse et sous le coup d'un événement fatal.

— Remettez-vous de grâce, dit-il avec bonté en prenant la main de Maritana, qui ne songea pas à la lui retirer. C'est un ami qui vous parle et qui vous tend la main.

— La mienne n'a jamais touché au monde que celle de deux hommes... mon père et mon mari.

— Vous êtes mariée ?

— Je suis veuve.

— Votre nom ?

— Maritana.

— Maritana... tout court ?

— Oui... Souffrez que je n'en dise pas davantage.

Ayant cédé un instant à cet accablement qui suit ordinairement les grandes crises, Maritana plus calme retira sa main de celle de Rodolphe.

— Je vous fais peur, reprit d'Erclange.

— Ah ! je ne sais... je ne vous connais pas... c'est le démon qui m'a conduite ici !...

— Madame, fit le comte, votre conduite doit cacher un crime horrible ou un dévouement suprême... Il y a dans vos yeux, sur ce front noble et pur, trop de loyauté et de touchante abnégation pour que je puisse m'y tromper... Vous me croyez le séducteur de cette pauvre enfant ; je parais pour la première fois devant vous... et j'ai une épée sanglante à la main ; vous pénétrez dans cette maison qui garde encore les traces d'une orgie à peine terminée... et pourtant... je vous dis cela, cédant à je ne sais quel désir ; mais il me semble que j'accomplis un devoir... Je ne suis ni un spadassin, ni un séducteur, ni moins encore un débauché... Je vous le jure, aussi vrai que je vous crois fermement une pauvre créature égarée, mais non perdue.

— Ah ! répliqua Maritana, vos paroles me vont droit au cœur ; je sens qu'elles sont sincères et loyales... Eh bien... fasse Dieu que vous ne repoussiez point ma prière.

Et entraînant Rodolphe dans la chambre de celui-ci, comme si la présence de Suzanne eût dû lui donner du courage, elle s'écria :

— Soyez ma perte ou mon salut !

# XV

### Soeptiques et croyants.

Finet et de Chambly n'avaient point remarqué la sortie de Rodolphe et de Gaston ; tout à l'émoi que leur avait causé la blessure de Durouget, ils avaient à peine entendu le cri poussé par Maritana en reconnaissant dans la femme endormie sur le lit du comte, Suzanne, ou plutôt *Souffrance*, la jeune ouvrière.

Quant à Sylvain, il se devait avant tout au blessé.

— Aidez-moi, messieurs, dit-il aux témoins de Durouget, nous allons le porter sur le lit de Gaston.

De Chambly et Finet s'empressèrent de faire ce

que demandait le médecin, et un instant après le boursier était étendu sur le lit de d'Arteville.

Sylvain lui frotta les tempes avec un mouchoir imbibé d'eau de Cologne; puis il lui fit respirer le flacon qui la contenait en le tenant sous les narines du boursier.

Durouget rouvrit les yeux. La vue de son sang lui rendit immédiatement le souvenir de ce qui venait de se passer.

— Suis-je gravement blessé, mon cher docteur? dit-il.

— Non, Durouget, votre graisse vous a servi à merveille, je réponds de vous, et dans peu de jours vous serez sur pied. Souffrez-vous?

— Peu... Ah! c'est cet animal de Finet avec sa rengaine de voiture et d'hôpital qui m'a valu cela.

— Allons, avoue qu'il y a aussi un peu de ta faute. Pourquoi, diable! pares-tu aussi avec la poitrine? répondit en riant le vaudevilliste.

— Mon cher Finet, lui dit Sylvain, courez à la pharmacie la plus voisine et rapportez-moi tout ce qu'il faut pour panser notre ami; dites au pharmacien qu'il s'agit d'une blessure faite au moyen d'une arme blanche, il saura ce qu'il doit vous donner.

— J'y vais.

Finet sortit.

— Ah ! il me semble que je vais m'évanouir encore, fit Durouget.

— Mais non, mon cher, répliqua de Chambly ; tenez, respirez encore cela.

Durouget prit le flacon, et ses narines absorberent longuement les odoriférantes émanations qui s'en échappaient.

— Là, vous sentez-vous mieux ? dit de Chambly.

— Oui, répondit le blessé.

Sylvain préparait tout pour le premier pansement, choisissant dans sa trousse tous les instruments qui lui seraient nécessaires.

— Où est M. d'Erclange ? dit Durouget ; je veux lui serrer la main... et Gaston... il m'abandonne.

— Non, non, vous les verrez, ils n'ont pas quitté l'hôtel ; seulement, je crois que mademoiselle Suzanne les a appelés.

— Ah ! Suzanne ; pauvre fille. Tenez, docteur, le comte a bien fait ; j'ai mérité ce coup d'épée-là.

Le docteur lui serra la main sans répondre.

— Je crois, remarqua de Chambly, que si on se faisait saigner chaque fois qu'on médite une séduction, la morale y gagnerait... N'est-ce pas, mon pauvre Durouget ?

— Je suis un peu faible pour entamer un discours là-dessus, mon cher ; mais M. d'Erclange est un noble cœur, et nous sommes des fous dangereux.

— Mais c'est une conversion, fit de Chambly. Durouget, voudriez-vous vous faire trappiste?

Sylvain ne put s'empêcher de sourire.

— Non pas, répliqua le blessé, mais je veux... ou du moins je désire que le comte devienne mon ami... Il ne m'a pas ouvert seulement le côté... mais les yeux.

— Mon cher Durouget, fit Sylvain, ce que vous dites là me fait bénir la main qui a guidé l'épée de Rodolphe, en vous traitant aussi bien, tandis qu'elle aurait pu, quelques lignes plus haut, vous tuer sans que vous ayez le temps de pousser un cri. Décidément vous êtes un bon diable, et M. d'Erclange regrettera vivement tout ce qui s'est passé, j'en suis convaincu.

Finet rentra apportant ce que lui avait demandé le docteur.

Le pansement commença.

Soutenu par ses deux témoins, Durouget se laissa faire sans broncher. L'opération, du reste, n'était pas douloureuse.

On s'étonne, sans doute, de ce que Gaston, après avoir reconnu Maritana et l'avoir laissée seule avec Rodolphe, ne fût point immédiatement rentré dans la salle à manger; mais le viveur, tout joyeux de son triomphe, n'avait pu résister au vif désir qu'il avait eu de se rendre compte de ce qui s'était passé chez lui pendant le combat.

Alors, au lieu de revenir près du blessé qui, du reste, ne lui inspirait aucune inquiétude d'après la déclaration du docteur, il était allé à l'office demander à Louis comment Maritana se trouvait dans le salon du premier.

Le valet de chambre lui expliqua l'arrivée de la fille de Guduel, son insistance opiniâtre à parler de suite à Rodolphe, et d'Arteville ne douta pas un instant qu'en respectant le tête-à-tête de la comtesse et de d'Erclange, il n'eût ménagé une agréable bonne fortune à son ami.

Doublement satisfait par le gain des deux cents louis, montant de son pari avec Rodolphe, et par la réalisation de ses prophéties, il reparut aux yeux des quatre jeunes gens le sourire sur les lèvres et prenant des airs vainqueurs d'une joyeuse crânerie.

Il brûlait de parler, il eût donné beaucoup pour qu'on le questionnât ; mais le docteur pansait Durouget, et Gaston fit ce qu'en argot théâtral on nomme manquer son effet.

D'Arteville, comprenant, du reste, qu'avant tout il devait aussi songer au blessé, s'approcha du lit en disant au boursier :

— Eh bien, mon pauvre ami, comment vas-tu ?

— Ah ! te voilà enfin. Merci, je vais aussi bien que je le puis.

— Tant mieux et de tout cœur.

— Vous sentez-vous la force de marcher? dit Sylvain au blessé, lorsque le pansement fut achevé.

— Je le crois, répondit Durouget.

Il se leva soutenu par de Chambly et se mit debout.

— Oui, vous voyez.

— Eh bien, mon cher, il faut vous en aller chez vous.

— Pourquoi? je puis le loger ici, fit Gaston ; je viens de donner les ordres nécessaires; nous allons le porter au second.

— Merci, Gaston.

— Il n'y a pas de quoi, mon gros.

Sylvain soutint Durouget, et, suivis par les trois autres jeunes gens, ils gagnèrent le bas de l'escalier de l'hôtel.

Louis et le cocher de d'Arteville s'y trouvaient; ils prirent le boursier l'un sous les bras, l'autre sous les genoux, et le montèrent à la chambre que Gaston avait fait préparer à la hâte.

Sylvain, de Chambly, Finet et d'Arteville suivirent et aidèrent leur ami à se coucher douillettement.

Lorsque tout fut terminé :

— Venez, dit Gaston, descendons, messieurs, Durouget n'a plus besoin de nous et j'ai une grande nouvelle à vous annoncer. Nous pouvons laisser seul notre malade, n'est-ce pas, Sylvain?

— Certainement, d'autant plus qu'un peu de repos lui fera le plus grand bien.

Quelques moments après, les quatre amis se trouvaient dans la chambre de Gaston; celui-ci offrit des cigares à ses hôtes et, s'asseyant dans un fauteuil, il dit :

— Messieurs, hier, me croyant le débiteur de mon ami Rodolphe, je vous ai priés de vouloir bien m'aider à m'acquitter envers lui en acceptant à souper ici. Vous l'avez fait et je vous en remercie ; seulement, sans le savoir, c'est Rodolphe qui a été votre amphytrion.

— Comment cela? dit Finet.

— Parce que j'ai gagné mon pari.

— Lequel? demanda Sylvain, ne croyant plus qu'il pouvait s'agir encore de la gageure faite au dîner qui avait eu lieu au café Anglais six jours auparavant.

— Eh parbleu! mon grand pari avec Rodolphe, répliqua Gaston; mon pari de deux cents louis.

— Pour la jeune fille?

— Oui, pour la petite de la rue de la Victoire.

— Ah ! c'est donc rue de la Victoire qu'habite celle que vous avez rencontrée.

— Oui, mon cher Sylvain... et en ce moment elle est là-haut.

— Comment, c'était Suzanne ?

— Non pas Suzanne ; Suzanne est blonde comme les blés, et l'autre est brune comme l'ébène. C'est une perle. Un teint mat, l'air fier, hautain, doux et suave à la fois ; et elle est seule au salon avec Rodolphe, qui, tout en faisant de la chevalerie vertueuse, passe sans doute du combat à l'amour avec autant d'aisance qu'ont dû le faire ses aïeux. Qu'en dites-vous ?

— O destinée, voilà bien de tes coups ! s'écria Finet.

Sylvain était devenu soucieux, malgré lui, en entendant Gaston lui dire que celle qu'il croyait être la conquête de Rodolphe habitait la rue de la Victoire ; il avait songé à Maritana. Chagriné par cette pensée, il voulut se tirer du doute dans lequel il était plongé.

— Comment s'appelle la jeune fille qui est chez le comte ? dit-il à d'Arteville.

— Ma foi, je ne sais plus trop. Je n'ai entendu prononcer son nom qu'une fois ou deux par le portier, et le diable m'emporte si je m'en souviens !

— Quel âge a-t-elle ?

— Vingt-deux à vingt-trois ans.

— Savez-vous le numéro de la maison qu'elle habite?

— Non, c'est au milieu de la rue de la Victoire, entre la Chaussée-d'Antin et la rue Taitbout.

— De quel côté?

— A droite en venant par la Chaussée-d'Antin.

— C'est étrange!

— Quoi? Qu'y a-t-il d'étrange dans tout ceci?... La connaîtriez-vous, par hasard?

— Peut-être... Mais non, ajouta Sylvain, comme se parlant à lui-même, c'est impossible!... Celle-là, c'est un ange!

— De qui donc voulez-vous parler?

— D'une personne, d'une jeune fille qui répond parfaitement au signalement que vous venez de me donner de celle qui se trouve en ce moment chez le comte, mais qui, malgré cette ressemblance complète, ne peut cependant pas être elle.

— Allons bon! encore une incorruptible... et de deux!... s'écria Gaston en riant aux éclats. Messieurs, ajouta-t-il, Rodolphe fait des prosélytes : comment trouvez-vous Sylvain?... Voyons, docteur, voulez-vous aussi perdre deux cents louis?

— Ce diable de d'Arteville! fit Finet.

— Inutile de parier, mon cher Gaston, répliqua Sylvain, mais je réponds de mademoiselle Martos.

— Comment dites-vous cela, mon cher Esculape?
dit Gaston en se levant.

— Mademoiselle Martos, répéta Sylvain.

— Martos... Attendez donc... oui, c'est cela. Mon
pauvre Sylvain, vous tombez bien mal, votre
demoiselle Martos...

— Eh bien?

— C'est elle qui est chez Rodolphe.

— Elle... impossible, d'Arteville.

— Oh! c'est bien elle, je me souviens parfaitement de son nom à présent; c'est bien Martos...
Elle demeure au sixième?

— Oui.

— Son père est malade... elle fait de la broderie
pour vivre...

— Oui... oui !

— Vous voyez bien, docteur. O vertueux scep-
tiques que vous êtes, finirez-vous enfin par me
croire à l'avenir !

Malgré les exclamations railleuses de Gaston,
l'air grave et peiné de Sylvain avait donné à la
conversation une allure sérieuse qui fit que de
Chambly et Finet, sans pourtant y prendre part,
en suivaient avidement toutes les péripéties.

Après un court silence, Sylvain reprit :

— Vous m'affirmez le fait avec une conviction
telle, Gaston, qu'elle me persuade malgré moi; .

mais, je vous l'avoue, — dussiez-vous accueillir cet aveu par de nouvelles railleries, — jamais je n'ai éprouvé un aussi grand étonnement, je dirai même une aussi grande déception.

— En étiez-vous amoureux, mon cher Sylvain?

— Oui et non. Non, si l'amour est le désir; oui, s'il est l'admiration. Je l'aimais d'amitié, comme on aime le vrai et le beau...

— En philosophe artiste.

— Ne riez pas, d'Arteville... Et je suis atterré de devoir renoncer à une de mes plus chères croyances... car, sans aller aussi loin que le comte qui pose la vertu en principe, je l'admets par exception.

— Vous mettrez un crêpe à vos illusions, mon cher Sylvain, et vous n'y songerez plus.

— Oui... mais n'importe... vous allez me trouver bien saint Thomas, Gaston; ne puis-je voir cette jeune fille?

— Rien n'est plus facile. Rodolphe, probablement, la gardera à déjeuner, et, en tous cas, s'il la congédiait sans nous la montrer, vous pourriez aisément l'apercevoir de cette fenêtre, lorsqu'elle traversera la cour pour quitter l'hôtel.

— Je ne résiste pas à l'immense curiosité qui s'empare de moi; il y a des hasards si étranges que, malgré tout ce que vous venez de me dire, je ne suis pas encore complétement convaincu.

— Vous voulez, ce qui s'appelle voir de vos propres yeux... Un peu de patience, mon ami.

— Gaston, dit Finet, quel que soit l'intérêt que m'inspire la solution de tout ceci, je tombe de sommeil, et je pars.

— Mais restez donc, mon cher Finet, nous déjeunerons tous ensemble.

— Non, merci, mon ami, je suis vraiment trop fatigué.

— C'est comme moi, dit de Chambly. Je pars avec vous, monsieur.

— Ah! vous aussi, très-cher? fit Gaston.

— Oui, mon ami ; vous nous raconterez la fin de l'aventure ce soir au cercle. Adieu.

On se serra la main, et de Chambly et Finet s'en allèrent se coucher.

Resté seul avec Sylvain, Gaston lui dit :

— Vous êtes impatient, mon ami ?

— Dites anxieux, Gaston.

— Tenez, prenez encore un cigare dans ce bahut et fumez. Le tabac, c'est la distraction suprême; on attendrait patiemment le fin mot de l'autre vie en fumant.

— Merci, dit Sylvain.

Et il continua à se promener de long en large,

plus agité encore qu'il ne le paraissait être. Tout à coup il s'arrêta.

— N'entendez-vous pas? dit-il.

— Quoi? demanda Gaston.

— Il m'a semblé qu'on vient de fermer une porte là-haut.

— Eh bien, Rodolphe s'enferme; l'amour aime le huis-clos.

— Non, on ferme une seconde porte... celle d'entrée.

— Tiens, c'est vrai! dit Gaston après avoir écouté. Rodolphe nous amène sans doute sa conquête... Allons, mon cher docteur, apprêtez-vous à reconnaître votre dragon de vertu.

Sylvain ne répondit pas, mais d'un bond il gagna la croisée.

En ce moment, Maritana traversait la cour d'un pas précipité, et Sylvain la reconnut.

— C'est elle! c'est bien elle! s'écria-t-il.

— Je vous l'avais bien dit, répondit stoïquement Gaston.

Rodolphe entra.

— Viens çà, don Juan, lui dit d'Arteville d'un ton railleur, viens tirer Sylvain de la stupéfaction dans laquelle l'ont plongé tes prouesses... Viens, séducteur de la veuve et de l'orpheline... dis-nous tout... le docteur connaît ta belle.

— Cette jeune dame qui vient de quitter l'hôtel? fit gravement le comte.

— Oui, mon cher comte, répondit Sylvain.

— C'est un ange, n'est-ce pas, docteur? ajouta d'Erclange.

— T'en voilà déjà amoureux! s'écria Gaston.

— Plus que tu ne le crois peut-être, mon ami; mais je me suis mal exprimé tantôt : j'ai dit c'est un ange...

— Déchu, lança Gaston.

— J'aurais dû dire : c'est une sainte, continua Rodolphe. Tu as voulu me prouver avec M. Durouget que les femmes étaient toutes filles d'Ève, et vous m'en avez montré deux pour qui le paradis ne sera jamais perdu. Entrez, mademoiselle Suzanne.

*Souffrance*, qui était descendue avec Rodolphe et Maritana, et qui attendait dans le petit salon, obéit.

— Et maintenant, mon cher Gaston, veux-tu savoir pourquoi j'ai perdu mon pari de fait, quoique pour moi, moralement, je l'ai toujours gagné?..

— Oui.

— Le père de cette jeune dame, de madame Maritana, qui est gravement malade, presque mourant, a été arrêté ce matin.

— Arrêté, s'écrient Sylvain et d'Arteville ensemble.

— Oui, reprit Rodolphe, et c'est pour arracher son père aux recors qui, malgré l'état du vieillard et les larmes de son enfant, voulaient le mener à Clichy, que cette noble femme est venue ici, non pour se donner comme elle me l'a dit elle-même, mais pour se vendre. Eh bien! le sacrifice de son honneur est plus méritoire à mes yeux que si elle eût voulu faire celui de sa vie... C'est pourquoi, je vous le repète... cette jeune femme est une sainte... et pourtant j'ai perdu les deux cents louis.

— Le comte est arrêté, fit Sylvain attéré par cette nouvelle.

— Le comte! répétèrent Suzanne, Rodolphe et Gaston avec étonnement.

— Sans doute, le comte de Martos, répliqua Sylvain.

— Noble deux fois : par le cœur et par la naissance; je l'aurais deviné. Ah! je bénis doublement la pensée qui m'a fait lui venir en aide, s'écria d'Erclange.

— Oh! vous avez été bon, monsieur, lui dit Suzanne.

— Vous avez payé. Ah! c'est bien, fit le docteur.

— J'ai fait un prêt à la comtesse Maritana, voilà tout, répliqua Rodolphe avec simplicité.

— Mes enfants, décidément, vous êtes plus forts que moi, dit Gaston vaincu.

— Permettez-moi de vous quitter, reprit Sylvain; l'arrestation du comte a dû lui porter un coup terrible et il doit réclamer mes soins. J'y cours.

— Permettez-nous de vous accompagner, docteur, fit Rodolphe; la comtesse est l'ange gardien de cette enfant; Suzanne ne peut l'abandonner en un semblable moment. Quant à moi, vous excuserez ma présence, mes amis, mais je ne sais pas obliger à moitié.

Quelques minutes après, Rodolphe, Sylvain et Suzanne montaient dans un fiacre, qui prit la direction de la rue de la Victoire.

# XVI



Lorsque M. Valentin et le commissaire rentrèrent chez Guduel, ils trouvèrent Loustalou sur la chaise qu'il occupait à leur départ; une forte odeur de tabac répandue dans l'appartement, dont les meubles ne se distinguaient qu'à travers un épais nuage de fumée, prouvait que le limier avait occupé ses loisirs en savourant à longues bouffées plusieurs pipes de caporal.

— Quelle atmosphère ! s'écria le commissaire en reculant et en accompagnant cette exclamation d'une violente quinte de toux.

— Loustalou, vous êtes insupportable avec votre manie de fumer comme un suisse?

— Dam! patron.

— Allons, ouvrez la fenêtre : on étouffe ici.

Le recors obéit.

M. Valentin était d'une humeur de dogue, le commissaire semblait au même diapason. Loustalou mouilla son pouce et éteignit sa pipe en en refoulant le tabac et ses cendres dans l'intérieur à l'aide de son doigt mouillé.

— La fille est-elle revenue? grommela le garde du commerce.

— Pas encore, patron, répondit Loustalou d'un ton humble.

— Et notre homme?

— Il n'a pas bougé, il dort toujours, probablement ! A propos et M. Mouginot?

— Il n'était pas chez lui, mais Robert le guette.

— On ne peut pas réussir partout, remarqua philosophiquement le recors.

— Monsieur Valentin, je ne puis perdre ainsi mon temps.

— C'est juste, monsieur le commissaire, répondit M. Valentin en tirant sa montre, — midi moins dix minutes. Allons, il faut en finir, cette jeune dame n'aura pas trouvé d'argent. Voyez notre homme.

Loustalou entr'ouvrit la porte de la chambre du comte.

— Il dort, comme je m'en doutais, dit-il en le montrant.

— Eh bien, réveillez-le et qu'il s'habille. Nous partirons à midi.

En ce moment on entendit un bruit de pas et le frôlement d'une robe. Maritana se précipita dans l'appartement.

Loustalou s'arrêta.

— Tenez, dit Maritana en jetant sur la table une poignée d'or, payez-vous, messieurs.

Et sans faire attention à l'étonnement qui se répandit sur les visages des trois assistants, elle se précipita vers le lit de Guduel.

— Libre ! vous êtes libre, mon père ! s'écria-t-elle.

En poussant ce cri de délivrance, Maritana se précipita sur le vieillard qu'elle embrassa avec frénésie.

— C'est moi, entendez-vous, mon père ; moi, Maritana, votre enfant qui vous aime !... Mon père, vous n'avez plus rien à craindre... Répondez-moi, mon père.

Un cri terrible retentit dans la chambre.

Maritana venait d'embrasser un cadavre. Le comte de Martos était mort.

M. Valentin et le commissaire accoururent au cri déchirant que venait de jeter la jeune femme et la trouvèrent évanouie sur le parquet.

— Cette jeune fille se trouve mal, dit l'officier public.

— Tapez-lui dans les mains, patron, c'est excellent ; je vais lui jeter de l'eau au visage, dit le recors.

Ils se disposaient à donner à Maritana ces soins populaires, lorsque Robert tout essoufflé parut sur le seuil de la chambre du mort.

— Eh ! vite, vite, monsieur Valentin, descendons, M. Mouginot vient d'entrer dans un bureau de tabac à deux pas d'ici.

— Diable ! fit M. Valentin, il n'y a pas de temps à perdre alors ; et comme pour se donner à lui-même une bonne excuse de son cupide égoïsme et de son manque d'humanité, il ajouta :

— Ce n'est, du reste, qu'un évanouissement !... Allons en route !

Sur ces mots le garde du commerce entraîna ses hommes, et ils quittèrent précipitamment la place, suivis par le commissaire.

Le froid qui pénétrait par la première chambre, dont la croisée était restée ouverte, tira Maritana de son évanouissement. Elle rouvrit les yeux, se releva péniblement et jeta un regard autour d'elle ; puis, s'approchant lentement de Guduel, elle embrassa son cadavre en fille et en chrétienne.

— Ah ! maintenant, je n'ai plus qu'à mourir,

n'est-ce pas, mon père, s'écria-t-elle d'un ton déchirant, et comme si celui à qui elle demandait l'approbation de cette terrible pensée eût encore pu l'entendre.

La comtesse se disposait à descendre pour accomplir son funeste projet, car sans songer à la glace épaisse qui couvrait la Seine, elle voulait aller s'y jeter, lorsque Rodolphe, Sylvain et Suzanne pénétrèrent dans l'appartement.

Maritana, folle de douleur, saisit le bras de d'Erclange et l'entraîna près du lit.

— Voyez, s'écria-t-elle, ils ont tué mon père!

— Mort! fit Rodolphe.

— Oui, mort!

Et, tandis que Suzanne s'agenouillait pieusement près du corps de Guduel, Maritana, oubliant dans sa douleur le service que le comte venait de lui rendre, ne voyant plus en lui que l'homme qui avait paru pour la première fois devant elle au milieu des traces d'une orgie, une épée sanglante à la main, lui dit avec un accent d'indescriptible amertume, de désespoir et d'ironie :

— Et vous... que venez-vous faire ici?... Venez-vous réclamer le prix de votre aumône?

— Oh! fit Sylvain.

— Maritana, répondit Rodolphe d'une voix attendrie, Suzanne et le docteur m'ont raconté votre histoire. Je connais toute la grandeur de votre âme. Voulez-vous être ma femme ?

. . . . . . . . . . . . .

Six mois après, Maritana était comtesse d'Erclange.

# XVII

## ÉPILOGUE.

Rodolphe et Maritana partirent pour Erclange, qu'ils habitent toujours. Un mutuel amour unit leurs âmes généreuses ; ils ont deux enfants qui resserrent encore les liens de leur affection sans bornes.

Suzanne ne les a pas quittés.

Maritana ne la traite ni en mère, ni en égale, mais en amie, et lui prodigue son affection avec tant de délicatesse que *Souffrance* a oublié jusqu'à ce nom de ses jours de malheur, et ne sent jamais l'infériorité de sa position, tout en considérant la comtesse comme une bienfaitrice qu'on respecte et qu'on aime.

Les cendres de Guduel reposent au fond du parc ; un mausolée les recouvre. Maritana y va chaque matin prier pour celui qu'elle pleure encore. Ses enfants, Suzanne et parfois Rodolphe l'accompagnent dans ce pieux pèlerinage.

Chaque année, à l'époque des chasses, d'Arteville vient passer six semaines au château. L'exemple l'a gagné ; il a fini par faire ce qu'il appelait une fin tragique : il s'est marié.

La veille du jour fixé pour la cérémonie, de Chambly, le rencontrant sur le boulevard, lui dit :

— Est-ce bien vrai, mon cher ; comment ! vous vous mariez ?

— Oh ! ce ne sera rien, a répondu Gaston d'un air rassurant.

Ce mot a eu le plus grand succès au cercle.

La femme de d'Arteville est aussi frivole que Maritana est sérieuse, — les extrêmes se touchent ; — sans être étroitement liées, elles se voient avec plaisir.

Le ciel n'a pas béni l'union de Gaston : il n'a pas d'enfant. Sa femme ne s'en plaint pas plus que lui.

Les cigares, la chasse et son écurie font de d'Arteville le gentilhomme le plus occupé de France.

Sa femme, de son côté, passe un mois à méditer une parure nouvelle.

Leur vie se résume en un mot : *frivolités !*

Ce sont deux fruits secs produits par le dandysme et la coquetterie.

Le docteur Sylvain vient aussi parfois passer quelques jours à Erclange.

Finet a fait représenter une pièce en un acte, dans laquelle il était en tiers. Il n'a même pas été nommé à la première représentation, et en a fait une courte maladie dont la vue de l'affiche du lendemain seule a pu le guérir.

Durouget, devenu gros financier, s'est marié également : il a épousé la fille d'un riche fabricant de rouenneries. Lorsqu'il prend Finet dans sa voiture pour aller au bois, il affecte de passer devant le pont des Arts en l'appelant ironiquement : Futur académicien !

Olympe a épousé un Russe.

Cora est morte à l'hôpital.

Délia joue sur le piano les rêveries de Rosselein. Un vieux célibataire sourd et presque aveugle passe à l'écouter le reste de ses jours.

Le père Lévias est sorti de Poissy. Il a trouvé sa maison vide. Sa femme a profité de sa longue absence pour enlever un écuyer du Cirque nommé Jolibois, en emportant tout ce que possédait son mari.

Lévias, revenu des grandeurs humaines, s'est fait chiffonnier ; rien ne peut le faire renoncer au négoce.

Il a trouvé une nouvelle concubine, dont il a fait

la connaissance un soir chez Paul Niquet : c'est la Godefroid, qui, depuis la perte de son œil, n'a cessé de dégringoler un à un les échelons de la vie.

M. Célestin continue à tirer le cordon.

Zoé a un tartan, qui lui donne l'air d'une perruche.

M. Valentin est toujours garde du commerce, et Robert et Loustalou sont toujours ses chiens.

Ils viennent de mener M. Bertrand à Clichy.

Le propriétaire a été ruiné par la fuite de son banquier.

En franchissant la grille de la maison d'arrêt pour dettes, M. Bertrand s'est, malgré lui, souvenu du pauvre Guduel.

## FIN.

# NOTES

Lorsque ce livre a d'abord été publié en feuilletons
par *le Messager de Paris*, l'auteur a volontairement
restreint le plus possible tout ce qui, même se rap-
portant à la thèse qui en est l'objet, n'était pas indispensable à la marche de l'action.

Le roman ne comporte pas les longues disserta-
tions; elles effrayent et rebutent le lecteur; rien ne
décourage ce dernier comme de voir, lorsqu'il ouvre
un livre, de grandes pages couvertes de lignes égales
en longueur. Cette régularité lui annonce une thèse
ou une description, et la thèse l'ennuie, la description l'effraie souvent. Que faire, d'ailleurs, dans ce
dernier genre après Cooper, Walter Scott et Cha-
teaubriand, ces peintres poëtes, aussi complets, aussi
grands avec leur plume que Salvator Rosa, Ruysdael
et Hobbema avec leur pinceau?

En ce siècle de télégraphie électrique et de chemins

de fer, on passe à travers les monts et les vallées, comme une flèche, sans s'y arrêter ; l'action doit marcher à toute vapeur, le dénouement est le but ; il faut chauffer la machine et entraîner le lecteur vers lui par train express, en lui évitant les irritants retards d'un arrêt à toutes les stations.

L'auteur, pour ces motifs, s'était réservé de consacrer un chapitre à certaines considérations générales, qui, tout en sortant du sujet superficiel, s'y rattachent complétement et appartiennent totalement à la pensée qui lui a inspiré ce livre.

Une heureuse circonstance lui a rendu cette dernière tâche facile : un homme éminent de la magistrature, M. Réglade, procureur impérial à Sarlat (Dordogne), a adressé au journal *le Messager* la lettre suivante, à l'époque où ce roman paraissait dans ses colonnes :

### LA CONTRAINTE PAR CORPS, PROTECTRICE DU TRAVAIL.

Il se produit dans le public une opinion qui semble vouloir de plus en plus se fortifier et prendre sa place au soleil ; je veux parler de l'abolition de la contrainte par corps.

On voit dans cette institution un reste de barbarie antique, peu en harmonie avec nos mœurs actuelles ; une arme créée en faveur de l'usurier contre sa victime.

Un publiciste éminent, M. Paul d'Ivoi, rendant compte, il y a huit jours environ, d'un ouvrage nouveau, de M. Stapleaux, intitulé *la Chasse aux Blancs,* ouvrage dans lequel l'auteur fulmine un éloquent « plaidoyer de la misère contre l'oppres- » sion de la richesse, » attaque lui-même la contrainte par corps avec une rare énergie et une remarquable élévation de pensées....

(Ici M. Réglade cite les passages marqués par des renvois dans la préface de ce volume.)

Il y a pour toute question détachée du grand tout qui constitue l'ordre moral, comme pour un tableau, qui représente une petite page détachée de la nature, un point où il faut se placer pour en apprécier l'ensemble d'un seul coup d'œil.

L'opinion publique semble avoir suivi MM. Stapleaux et Paul d'Ivoi et s'être placée derrière eux pour contempler le tableau par-dessus leur épaule. Ont-ils, les uns et les autres, trouvé ce point exact? J'en doute.

Je renferme toute ma pensée dans cette proposition : « La » contrainte par corps doit être la protectrice du travail. » A ce point de vue, il n'est pas une institution qui soit plus démocratique.

Il y a loin de cette proposition à celle qui réclame l'abolition absolue de la contrainte par corps en matière civile.

Il faut creuser un nouveau lit, mais non pas supprimer le cours d'eau.

C'est ainsi qu'on procède dans l'ordre physique. Ce petit cours d'eau qui désolait périodiquement ce riche vallon, devient, en peu de temps, par un travail intelligent de rectification du lit et d'aménagement des eaux, un trésor de richesses pour la contrée.

Pourquoi n'agirait-on pas de la même manière à l'égard de la contrainte par corps?

Qu'est-ce donc que l'argent? C'est du travail accumulé. La vie en société est un échange continuel de travail, de services personnels, représentés par la monnaie.

Ce capital que me laissera mon père est la représentation de toute une vie de travail long et opiniâtre. Je laisserai moi-même à mes enfants, et ma vie se passera à défendre ce capital, à l'augmenter même si je puis.

Et si je rencontre un homme qui parvient à m'emprunter mon capital et à le dissiper impunément en plaisirs et en débauches, cet homme insolvable aura injustement profité d'une masse de travail et de services rendus par ses semblables, sans qu'il ait rendu lui-même le moindre service personnel.

Voilà une iniquité flagrante ; et c'est ici où l'on voit apparaître la contrainte par corps comme la protectrice du travail.

Voyons, à un autre point de vue, si l'on doit ou non abolir la contrainte par corps.

L'organisation actuelle de notre société a pour effet de rendre chacun responsable de ses actes. On ne voit plus de ces lois de priviléges qui rendaient insaisissables et inaliénables certains biens qui échappaient ainsi à la poursuite des créanciers. (Les exceptions qui existent encore sont bien restreintes : régime dotal, pension alimentaire, partie du traitement des fonctionnaires, etc.) On ne peut plus impunément *user et abuser du travail d'autrui sans rien lui rendre.* On ne peut plus se renfermer dans son château insaisissable et inaliénable après avoir largement joui de tous les plaisirs de la vie et s'être assimilé es produits d'une armée de travailleurs. Ne voit-on pas que la contrainte par corps est comme le complément de cette abolion de priviléges et qu'elle devient ainsi une institution démocratique.

La contrainte par corps doit être exercée à titre de peine et non pas seulement comme moyen de coaction.

Déjà on est entré dans cette voie en matière pénale ; avant la décision ministérielle du 17 janvier 1853, le condamné à l'amende qui était insolvable, avait pour lui l'impunité. On voyait des délinquants incorrigibles se jouer des condamnations pécuniaires qui ne pouvaient les atteindre. (Toutefois, je dois dire que, depuis 1831 et 1834, il n'en est pas ainsi en matière forestière.) La contrainte par corps, en effet, connaissant d'avance son impuissance pour arriver au paiement de l'amende et des frais, sachant d'ailleurs que personne ne payerait pour tel condamné insolvable, s'arrêtait devant une impossibilité. Aujourd'hui les choses ne se passent plus ainsi : on peut incarcérer *à titre de répression,* et la loi n'est plus désarmée.

Cette idée de répression devrait être dominante en matière de contrainte par corps et, par suite, la privation de la liberté ne devrait s'exercer que là où se trouve matière à répression.

Ceci me conduit à formuler ma conclusion :

1° En matière criminelle, civile et commerciale, la contrainte par corps ne sera exercée qu'en vertu d'un jugement.

2° En matière criminelle, les tribunaux statueront sur le point de savoir si, au cas de non-paiement, la contrainte par corps doit, ou non, être exercée. Elle sera de droit dans tous les cas où le jugement n'admettra pas de circonstances atténuantes.

3° Dans tous les cas où, suivant les lois actuellement existantes, il y a lieu de prononcer la contrainte par corps en matière civile et commerciale, les tribunaux auront à examiner, comme au cas de cession de biens (Art. 1268, Code Napoléon), *si le débiteur est malheureux et de bonne foi*, et pourront s'abstenir de prononcer la contrainte par corps.

Avec ces dispositions, les inconvénients signalés disparaissent; la contrainte par corps n'est plus « ce reste de barbarie du moyen âge et des temps antiques. » C'est une institution rationnelle, indispensable dans une société où le travail est en honneur ; c'est, en un mot, la protectrice du travail.

J. Réglade,
Procureur impérial à Sarlat (Dordogne).

**Voici ce que répondait à M. Réglade, M. Henri Pfeifler, secrétaire de la rédaction du *Messager de Paris* :**

M. le procureur impérial de Sarlat se trompe sur un seul point. Il croit nous réfuter en partie, tandis que nous sommes complétement de son avis et que son opinion est entièrement conforme à la nôtre.

Ainsi, qu'il lise la phrase suivante qui se trouve précisément dans le feuilleton d'aujourd'hui. (Page 107 de ce volume.)

« Les fripons appartiennent à la police correctionnelle; les fous ont leur place marquée à Charenton ; les dupés et les malheureux ont droit à l'appui et à la protection de la société et des lois. »

Cette phrase ne contient-elle pas explicitement les conclusions de M. le procureur impérial de Sarlat ?

Ces conclusions, à nos yeux, ne sont pas autre chose que l'abolition de la contrainte par corps. En effet, dès que la contrainte par corps sera une peine de la mauvaise foi ; dès que la loi de la contrainte par corps ne frappera plus le débiteur sans distinctions ; dès que le magistrat qui l'applique ne sera plus obligé de faire séquestrer, de la même manière et pour le même temps, l'homme de mauvaise foi et celui qui est dans l'impossibilité de se libérer ; dès que le magistrat pourra apprécier, avoir égard à la position, comme lorsqu'il s'agit d'un contrat ordinaire, adoucir la rigueur de la loi, admettre les circonstances atténuantes, ne pas toujours sévir comme lorsqu'il s'agit même d'un crime ; dès qu'il pourra peser et que la chose ne sera pas jugée d'avance par la loi, dès lors la loi contre laquelle nous nous élevons n'existera plus. Nous aurons une autre loi, dont nous reconnaissons parfaitement l'utilité, comme M. le procureur impérial de Sarlat.

Chose étrange ! cette loi actuelle, si sévère envers ceux qui ne sont coupables que de pauvreté, n'a plus la même rigueur lorsqu'il s'agit d'engagements civils et même de condamnations pour crimes ou délits. Pour ces cas-là, elle fixe un minimum et un maximum, laissant au juge le soin de fixer la durée de la détention. Ainsi, dans un procès récent, on a vu un banquier condamné pour escroquerie, obligé de rapporter un million cinq cent mille francs, soumis seulement à un an de contrainte par corps, tandis qu'à côté de lui un débiteur, victime de sa fraude, qui n'était point accusé de mauvaise foi, mais qui ne pouvait pas payer, était soumis à trois ans de détention pour une dette de six mille francs.

La législation concernant les débiteurs étrangers fixe également un maximum et un minimum, et laisse les tribunaux

libres d'appliquer le minimum , six mois de contrainte par
corps, pour une dette de trente, quarante, cinquante mille francs.
Un débiteur français devant deux mille francs doit forcément
subir un an de prison.

A l'opinion du duc de Broglie et celle de M. de Portalis contre
la contrainte par corps , que cite M. Paul d'Ivoi dans sa préface,
nous pourrions ajouter celle de Jacques Laffite, disant :

« Les besoins du commerce ne réclament point l'exécution de
la contrainte par corps ; elle ne s'exerce qu'au profit de l'usure,
contre de malheureux pères de famille et quelques jeunes im-
prudents. »

Et celle du duc de Cazes, disant :

« Les neuf dixièmes des détenus pour lettres de change ne
sont pas négociants, et les faits pour lesquels ils ont été con-
damnés sont tout à fait étrangers au commerce. Les véritables
commerçants ne sont pas intéressés dans la question. »

M. le procureur impérial de Sarlat, qui, pour nous servir d'une
de ses images, veut remplacer le torrent qui ravage par le canal
qui fertilise, pourra désormais être cité avec ces hommes émi-
nents parmi les adversaires de la contrainte par corps.

Ce magistrat veut que la contrainte par corps devienne la
protectrice du travail. Dans l'état actuel, cette protection est à
peu près nulle. En effet, pour toute la France, le nombre des
détenus pour dettes ne dépasse pas 1,900. Paris, qui ne représente certes pas le tiers du commerce de la France, fournit plus
du tiers de ces détenus pour dettes ; sa part est de 700.

Sur les 1,900 détenus pour dettes de toute la France, un quart
seulement appartient au commerce. Les autres sont ou de
pauvres diables sans ressources, ou des victimes de l'usure.
Quatre ou cinq cents prisonniers commerçants, sur une population de trente-sept millions d'âmes, voilà tout ce que fait la
loi de la contrainte par corps pour protéger le commerce et développer le crédit.                          HENRI PFEIFLER.


L'auteur, en faisant ce livre, a eu pour but de provoquer la révision de la loi sur la contrainte par corps, plutôt que l'abolition de cette loi.

Puisque dans l'économie sociale tout repose sur le crédit, et que le temps où l'inutilité complète de la loi sur la contrainte par corps sera généralement reconnue n'est point encore arrivé, l'auteur se résume en proposant trois articles additionnels qui, selon lui, détruiront les principaux abus que cette loi engendre :

*Art. 1er. Obliger le créancier à prouver que le débiteur est de mauvaise foi, c'est-à-dire qu'il possède, et n'accorder au créancier le bénéfice de la prise de corps que s'il peut remplir cette condition.*

*2° Admettre la faillite de tout individu ayant fait acte de commerce.*

*3° Augmenter, AU MOINS DU DOUBLE, la rétribution mensuelle alimentaire requise par la loi.*

Paris, décembre 1860.

# TABLE

FIN DE LA TABLE.

# COLLECTION DE LA LIBRAIRIE NOUVELLE

## A **2 fr.** LE VOLUME. — FORMAT GRAND IN-18 ANGLAIS




Paris. — Imp. de la Librairie Nouvelle, A. Bourdilliat, 15, rue Breda.